シリーズ●21世紀の地域⑦

大学と地域

持続可能な暮らしに向けた大学の新たな姿

井尻昭夫
Akio Ijiri
江藤茂博
Shigehiro Eto
大﨑紘一
Hirokazu Osaki
三好 宏
Hiroshi Miyoshi
松本健太郎
Kentaro Matsumoto
編

ナカニシヤ出版

はしがき

持続可能な暮らしに向けた新たな大学の姿

日本において，今日ほどに「持続可能」という言葉が耳目を集めた時代はなかったのではないだろうか。これまでは，何事にも成長・発展を目指すのが当たり前とされてきたものが，「成長」よりも「持続」に重きをおくという，時代の大きな転換期を迎えているのである。

その契機となったのは，2015（平成27）年に国連が掲げたいわゆる「持続可能な開発目標（SDGs）」であろう。日本でも，かつてのような高度経済成長を見込めない「成熟型社会」へと突入したことを背景として，地球温暖化対策などが以前にも増して強く意識されるようになった。とりわけ2019（令和元）年は「SDGs経営元年」といわれるほど，国家のみならず，企業や個人においても，国際社会が直面する課題——自然環境，エネルギー，貧困，飢餓，ジェンダーなどに関する諸課題——の解決に取り組むことが強く要請されつつある。その一方で，持続可能な社会の実現は義務としてだけではなく，企業の新たな成長の機会や，平和で豊かな暮らしの構築にもつうじており，実際のところ，企業においてはそうした事例も数多く見受けられるようになっている。むろんこうした取り組みに関していえば，大学も決して蚊帳の外ではありえない。つまり，大学としてその課題解決に対して果たすべき役割は多岐にわたっているし，その貢献の可能性も大いにある，といえるだろう。

本書のサブタイトル，すなわち「持続可能な暮らしに向けた新たな大学の姿」もまた，こうした潮流と無縁ではない。しかし，本書でいうところの「持続可能な暮らし」とは，国連が警告するような地球規模の話ではなく，もう少し範囲を限定した，いわゆる「地域」ないしは「地域社会」についての持続可能性の話である。すなわち，それは人口減少が進行する日本において，地域自体の存続が危ぶまれつつある昨今，大学がどのような役割を果たしてきたのか，あるいは今後果たすことができるのか，という問題意識のもとに立てられたテーマである。

かつて「地方消滅」というショッキングな言葉（増田, 2014）が話題になったことがあるが，それは岡山商科大学が所在するような，中山間地域を多く抱える地方だけの問題ではなく，二松学舎大学が所在するような大都市部でも同様だといえる。すなわち時間の経過とともに，日本全土にわたり，まちや地域社会の崩壊が着実に進行しつつあると考えられるのである。

国は上記のような現況を勘案して，国と地方における「人口ビジョン」，および「まち・ひと・しごと創生総合戦略」を策定し，2015 年から 2019 年にかけて実施してきた。この施策は，さらに次の 2020（令和 2）年から 2024（令和 6）年の第 2 期「まち・ひと・しごと創生総合戦略」へと引き継がれることになったが，第 1 期の結果も含め，それが有効な結果をもたらせるかどうかは，現時点ではまだ何もいえない状況である。

ところで，国や各自治体の施策はともかく，人口減少がつづく地域社会に対して，あるいは，そこでの「持続可能な暮らし」に対して，大学はいかなる貢献をなしうるのだろうか。それは，これからの大学が地域とどのように向き合いうるのか，という問いでもある。本書はそのような問題意識のもとに，岡山商科大学と二松学舎大学における共同研究の成果を集成して刊行するものであるが，それぞれの大学はともに，従来さまざまなかたちで地域社会と結びついたプロジェクトを推進してきた。そしてそのような試み自体は，時代とともに変遷する大学の新たな姿を如実に反映するものだともいえる。

地域社会との関係のなかで，大学は今どのように変容しつつあるのだろうか。本来的にいえば，大学は高等教育機関として，教育と研究により人材を育成し，卒業生を社会に送り出すことで地域社会に貢献すればよかった。しかしそれはあくまでも 1975（昭和 50）年頃までの話で，それ以降，大学の役割は次第に変容していったと考えられる。1975 年以降になると，大学と産業界との連携を推進する機運が高まっていった。さらに 1987（昭和 62）年になると，産業界との研究連携を企図して，国立大学に産学官連携センターが設置された。それによって企業との共同研究実施のために，共同研究費，奨学寄附金制度が開始され，その流れは現在に至るまで継続している。しかし 2018（平成 30）年には，これまで個々の研究者と企業との研究連携が主であったことから，大学組織として複数の教員と複数の企業との共同研究を促進するために，産学連携（オープンイノベーション，産学共創プラットホームの構築）を推進するための制度改正がなされた。

1955（昭和30）年から1972（昭和47）年までの高度成長期において，社会が大学に期待することといえば，均質な基礎知識を有する学生を大量供給することにあった。しかも当時は，企業内の教育体制が充実しており，大学卒業後就業した人々に企業で一定の教育を施すことができた。

しかし「大量生産時代」の段階から，個々の要求にあわせて製品を製造する「多品種少量生産」の段階へと移行すると，より高度な知識を有する大学院修士課程レベルの人材への要求が強くなり，1975年代に入ると，多くの大学に大学院修士課程が設置されることになった。さらに1985（昭和60）年代に入って国際化が進展するにつれて，研究のできる技術者や，研究者の養成のために大学院博士課程が設置され，多くの大学でさらに高度な知識・技能を修得できる体制が確立されたのである。

しかし2008（平成20）年9月のいわゆるリーマンショック以降，経済停滞によって企業における社内人材育成を行う余力が乏しくなり，大学卒，大学院修了者に対しても企業で即戦力として働いてもらいたいという要望が高くなり，社会についての知識の習得が大学教育に求められるようになった。そして現在では，仕事におけるさまざまな局面において自ら思考し，判断し，実施する，責任感をもった人材の育成が大きな課題として意識されつつある。

さらに近年では，都市と地方との格差がますます拡大し，地域の存続が厳しい状況になりつつあり，そのような状況をふまえて総務省は，2015年の「地方創生」のため「まち・ひと・しごと創生総合戦略」の主な施策を予算化して実施したのである。さらにその後，文部科学省は2016（平成28）年に，86国立大学を「卓越した教育研究」タイプ，「専門分野の優れた教育研究」タイプ，「地域貢献」タイプへと区分し，地方創生を支援する高等教育機関の体制を示した。

以上のような昨今の動向を踏まえて，たとえば岡山商科大学では2007（平成19）年に産学官連携センターを設置している。また2008（平成20）年9月には笠岡市，NPO法人かさおか島づくり海社と包括協定を締結し，商学部，経済学部に所属する複数の教員により笠岡諸島の人口減少に対する活性化策を実施している（その成果をまとめて，2年間で報告書を提出した）。さらにその後，岡山県内の瀬戸内市，岡山市，新庄村，備前市，津山市，真庭市，和気町，玉野市を含めて9市町村との間で包括協定を締結し，教員・学生たちの教育研究におけるプラットホームとして，地域社会との連携にもとづく各種のプロジェクトを推進している。そして産学官連携センターは，各学部の教員の要望を聞きながら，学外との調整の役割をはたし，教職員・学生が学外の活動をスムーズに行えるようにしている[1)]。

他方で，二松学舎大学もまた，地域連携室を設置し，千代田区，柏市，倉敷市，鎌倉市と包括協定を提携している。またその他にも教育研究機関として，地域社会とのあいだで各種の連携プロジェクを企画進行している。さらに各企業や各団体，あるいは地域の学校との提携プロジェクトも教育研究領域を中心に進行している。

ともあれ以上に挙げた岡山商科大学の試みは，現代における大学の新たな役割に対応するものといえよう。ここで，地方版の『まち・ひと・しごと創生総合戦略』の策定に関する内閣官房まち・ひと・しごと創生本部事務局の資料[2)]を参照しておこう。その総合戦略を構成する4テーマの一つ「地方への新しいひとの流れをつくる」には，施策の参考例として「地方大学等の活性化」があげられており，そこに「地元大学等への進学促進」「県内就職を促進するための求人確保とマッチング機会の提供」「産学共同研究の推進」といった具体的施策と，その評価指標としての「自県大学進学者の割合」「県内高等教育機関の志願倍率」「県内大学生等の県内就職率」「産学官共同研究等支援事業採択件数」が列挙されている。

上記の施策／指標が示唆するように，大学が地方に存在していること自体に

1）岡山商科大学では，大学の教育に関する「三つのポリシー」を「学力の3要素」と関連づけ，知識・技能は受動型の教育により修得，思考力・判断力・表現力はアクティブラーニングや，地域でのフィールドスタディで修得，そして協働して主体的に学ぶ態度（意欲・責任感，協調性，持続性，倫理観）はフィールドスタディで修得するような「3段階教育システム」で，学生の各種能力を向上させる仕組みとしている。

2）「地方人口ビジョン・地方版総合戦略の策定に当たっての参考資料」（https://www.kantei.go.jp/jp/singi/sousei/info/pdf/sankou_chihou_vision.pdf，最終確認日：2019年12月22日）

大きな意味がある，といえる。表現の適切性はひとまずおくが，大学には地方中核都市における「ダム機能」――地方から大都市へと若者が流入することを食い止める機能（前掲書：47）――がそなわっている。もちろんそれには，地方の大学が受験生にとっていかに魅力ある大学となるか，さらにいうと，大都市部の大学に劣らない教育・研究内容を提供できるか，という課題があることはいうまでもない。

しかし，こうした役割以外にも大学と地域との関係において，新たな動きが出ているようにも思われる。その例となるのは，大学における地域創生関連学部・学科の新設や，（先ほどふれた国立大学のタイプ分け以外にも）文部科学省の地域の課題と大学の資源をマッチングさせることで地域の課題解決を図ることを目的とした「地（知）の拠点整備事業（大学 COC：Center of Community 事業）」の推進などである。

従来，地域と大学が関わるというのは，人文科学系や社会科学系の大学でいえば，地域を調査研究の対象とする場合や，あるいは自治体・関係団体などから調査研究依頼がなされ，その結果を取りまとめて提言を行うという場合が主流であった。こうした内容のものは今後も必要であり継続されていくだろうが，地域が抱える問題は，調査研究をして終わりといった悠長なものではない。人口減少が進み，行きつく先は消滅の危機である。さらにそこに高齢化の問題も加わり，若者が地域にいないという状況は，地方においていわば普通にみられる現象となっている。地域での暮らしそのものが持続できるかどうかが問われているのである。

こうしたことを背景に，地方創生関連学部・学科の新設や，COC のような新しいタイプの補助事業が生まれている。じつは 2017（平成 29）年度文部科学省私立大学研究ブランディング事業において，岡山商科大学が「『寄り添い型研究』による地域価値の向上」を掲げた理由も，そこにある。それは，若者たちの大都市への人口流出を食い止める「ダム」としての働きだけではなく，地域の価値向上や，人々の暮らしに役立つ「水」としての機能を遂行しようという試みである。すなわち，調査研究に加え地域の人々が展開する地域の社会的・経済的な活動，たとえば祭り，イベント，観光，特産品開発といった取り組みに，学生も含めできる範囲で積極的に関わって協力し，地域と協働していこう，という試みを含んでいる。そして岡山商科大学では，それを「寄り添い型研究」と名づけ実践してきたのである（くわしくは，第1章第5節を参照）[3)]。

しかし，大学が地域と関わるというのは決して容易なことではないし，協働というかたちで，より深く関与しようとすればするほどその困難性は増してくる。しかも地域には地域それぞれに特有の事情があったりして，一様な対応が難しい場合もある。また学生を地域に送り込むにも，調査研究につきものの配慮はもちろん，その他にも安全面をはじめ，配慮すべきことは少なくない。とはいえ，大都市，地方のいずれの大学においても地域での新しい取り組みは始まったばかりである。今後こうしたさまざまな課題を一つひとつ克服しながら，地域との関係において大学の新たな姿が確立されていくものと思われる。

本書の編者のうち3名（井尻・大﨑・三好）が所属する岡山商科大学では，上記のとおり2017年度に文部科学省の「私立大学研究ブランディング事業」に採択され，社会的側面としては①生活の質の向上，②自然環境との共生，③文化，歴史，ダイバーシティの保存・促進など，経済的側面としては④特産品開発，⑤観光開発，⑥空き家再生，⑦仕事創造，⑧地域内の経済循環の分析・考察，⑨地域ブランド戦略などを目標として掲げて，地域に寄り添う各種のプロジェクトを推進してきた。他方，編者2名（江藤・松本）が所属する二松学舎大学においても，2017年度に新設された都市文化デザイン学科を中心として，東京・沖縄・岡山などの地域で各種のプロジェクトを推進してきた。それらの事例をもとに，本書では「第Ⅰ部　「社会」から考える持続可能な暮らし」「第Ⅱ部　「経済」から考える持続可能な暮らし」「第Ⅲ部　「継承」から考える持続可能な暮らし」「第Ⅳ部　「教育」から考える持続可能な暮らし」という4部構成，合計で15章をつうじて，「持続可能な暮らし」の実現に貢献し，地域に寄り添いつつ新たな役割を模索する大学の新たな姿を描き出していきたいと考えている。なお本書のタイトルは『大学と地域――持続可能な暮らしに向けた大学の新たな姿』とした。しかし，地域を越えて日本全国で行われている同様の

3）本書の岡山商科大学に所属する執筆者の章は，この研究ブランディング事業の調査研究をもとにして執筆されたものである。

取組みを調査し，網羅して考察を深めるという内容には残念ながらなってはいない。しかしこのテーマに迫るための最初の一歩となる試みとしてお読みいただければ幸いである。

編者

井尻昭夫・江藤茂博・大﨑紘一・三好 宏・松本健太郎

【文　献】

増田寛也［編］（2014）．『地方消滅――東京一極集中が招く人口急減』中央公論新社

目　次

第Ⅱ部　「経済」から考える持続可能な暮らし

第Ⅲ部　「継承」から考える持続可能な暮らし

第Ⅰ部
「社会」から考える持続可能な暮らし

第1章
大学での地域実践型活動への取り組み

大﨑紘一／三好 宏

岡山商科大学の産学官連携センターは，学生や教員が地域で実践活動や研究活動をする際に，大学と地域の各組織が組織間連携できる体制の構築を目指して制度設計をおこなっている。とくにセンターは（入試，就職，教学以外のすべての面で）学外からの問い合わせに対応しうる窓口として機能している。産学官連携センターが関与することにより，一見すると関係のないように思える外部組織からの連絡に対しても，迅速かつ一元的なかたちでの対応が可能になるからである。

すでにセンター設置から13年間が経過しているが，これによって岡山県下の9市町村と包括協定の締結が実現された。「岡山県市町村プラットホーム」の構築を前提として，公共機関との間で，また，地域住民の協力を得て，学生による地域実践活動であるフィールドスタディ，あるいは，教員による研究ブランディング事業にかかわる研究活動を推進することができている。

2019（令和元）年は，国の施策である「地域創生」の推進という背景もあり，地方自治体での活動も活発化している。現在，数多く地域と結びついた共同活動を実施しているが，しかし他方で，現在の活動はボランティア的な側面が強いとも感じている。地域の発展は，ひいては国の発展に結びつくものであるので，今後は取り組んでいる「研究ブランディング事業」の研究成果により，地域の活性化に熱心に取り組んでいる人々を，大学としても経営的な側面から支援していく予定である。

1　はじめに：産学官連携センターは地域活動への組織的拠点

岡山商科大学による学外連携活動の組織的な推進は，2007（平成19）年における産学官連携センターの設置にはじまる。従来だと，自然科学系の産学官連携は，主として企業との技術開発に関係し，技術移転，知的所有権，研究費などに関する業務が主である。ところが，社会科学系の産学官連携は，企業と関係するケースは少なく，知的所有権，研究費が重要ではなかったために，以前はさほど活発ではなかった。

岡山商科大学は社会科学系のみの学部構成であり，従来は教員が個別に企業，地方自治体等からの相談・依頼に対応しており，大学としての組織的な対応はとっていなかった。それが産学官連携センターの設置にともない，そこが学外からのすべての問い合わせや依頼に応じる窓口として一元化されることになった。設置当初，地方自治体からの調査依頼，金融機関からの協定締結の申し出があり，組織としての対応をしていることを内外にひろく周知するために包括協定を締結して活動をはじめた（岡山商科大学産学官連携センター編, 2013）。その後，学生の学外活動をフィールドスタディとして全学的に実施するようになり，センターを窓口として学外組織とのすべての調整を実施するようにした。さらに，岡山県内の8市町村との包括協定を順次締結することにより「岡山県市町村プラットホーム」を構築し，それが2017（平成29）年文部科学省私立大

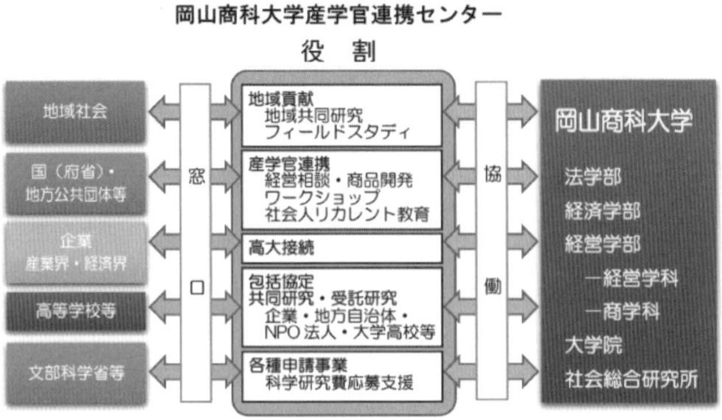

図1-1　産学官連携センターの役割

学研究ブランディング事業の申請（文部科学省, 2017）へと結実した。また，それは2013（平成25）年度より実施されている文部科学省私立大学等改革総合支援事業の「地域連携」に関するタイプへの申請，採択（文部科学省, 2013）にも貢献している。

2014（平成26）年12月2日，第2次安倍内閣が「まち・ひと・しごと創生法」（中西, 2015：3）を施行したことにより，地域活性化の取り組みが「地域創生」と呼ばれるようになった。それによって地域での各種の取り組みが活発になり，各大学でも社会連携センターが設置されるようになったが，岡山商科大学ではすでに「産学官連携センター」によって地域社会との連携をはじめていたので，継続して地域社会との連携活動を支援することにし，現在へと至っている。

2　地域との連携のための「岡山県市町村プラットホーム」の構築

とはいえ，岡山商科大学では最初からプラットホームの構築を目指したわけではない。最初に協定を締結した笠岡市では，笠岡諸島の活性化のために教員，学部・大学院学生で2年間にわたる調査研究をおこない，それをもとに報告書を執筆し，報告会を実施した（大﨑ほか, 2010）。その学生に同行する際に，市から島民に連絡を入れることにより協力が得られ，地域での教育研究活動をスムーズに行なえることが明らかになった。そして，観光，考古学，経済学，経営工学の研究者による多面的な調査をつうじたノウハウをセンターとして蓄積できたことは，その後の全学的な取り組みへとつながった。

その後は，教員に依頼のあった地域での学生を含めた調査，ボランティア活動（災害以外）がある場合には，産学官連携センターを介して地方自治体等と包括協定を締結するように働きかけをするようになった。とくに地域の若年層の減少により，地域の各種の活動に学生をボランティアとして参画させることへの期待が高まると，依頼におうじて派遣を実施する本学としては，教育としての視点，学生の安心・安全面，派遣費用等の問題を地域の関係団体と調整する必要が生じてきた。このような調整作業は，センター職員の重要な仕事であり，大学内の将来構想委員会でも協議しながら組織対応をする体制を整備している。

2013（平成25）年頃から地域創生のために，地域と大学が連携して地域活性化のための活動をする機運が高まり，地域からの相談事案がさらに増加することになった。そして現在では，高齢化がすすむ地域での各種行事への学生の参加，地域で国県等へ申請する活動への大学の参画，地域資源の商品開発，地域の観光開発等，地域に根差した多様な活動への対応が必要になってきている。

岡山商科大学では依頼のあった市町村に対して，そのつど同じ内容で包括協定を締結し，「岡山県市町村プラットホーム」を形成している（大﨑, 2018：23)。2019（令和元）年6月現在，構成市町村は，岡山県内9市町村（新庄村，笠岡市，瀬戸内市，岡山市，備前市，津山市，真庭市，和気町，玉野市：包括協定を締結した順序）となっており，今後も連携して活動できる市町村を増やしていきたいと考えている。またその一方で，2013（平成25）年度から実施されている文部科学省私立大学等改革総合支援事業への申請・採択により，継続して教育の質の向上，地域貢献活動の推進を目指している（大﨑, 2019b：31)。

その他，地域の企業との連携活動，経済界を支援する各種団体との連携活動，岡山県以外の地域との連携活動についても，産学官連携センターではそれらを組織的に実施するための取り組みを推進している。

3　学生の地域での実践活動（フィールドスタディ）の取り組み

岡山商科大学では，「学力の3要素」を三つのポリシーに組み込んで，入学から卒業までの教育をプログラム化し，評価手法とともに公表している（岡山商科大学, 2017：3)。カリキュラムポリシーでは，「講義」における「専門知識」および「一般知識」の修得，「アクティブラーニング」による「思考力・判断力・表現力」の修得，そして「地域活動での実践」による「主体的な協働による態度」の修得ができる3段階教育システム体制をとっている。

学生による地域での実践活動は，①大学の講義の一部を地域活動として実施し単位にするもの，②地域からの依頼により調査活動として学生が参加するもの，そして③地域からの依頼であるが，ボランティア（災害以外）として学生が活動に参加するものに区分できる。いずれの学生参加の活動についても，

「フィールドスタディ」（岡山商科大学社会総合研究所, 2014：32）と称し，学生の「主体的な協働する態度」の習得を目標として掲げている。

ところで，産学官連携センターとしての支援活動内容は，それぞれで以下のように異なっている。①講義の一部を地域活動とする場合には，最初はセンターが予算的な支援をするが，定常状態になると学部学科の活動費用として予算計上し，活動の管理運営を学部学科に依頼する（学外組織との日程調整等はセンターで実施する）。②調査依頼の場合には，自治体等の予算，他機関からの委託事業の申請が採択されれば予算化されるものもあるが，教員が申請に協力して採択された後に学生の参加により実施されるものもあり，その申請の際の支援等もセンターが担っている。③ボランティア（災害以外）活動への学生参加の依頼が，最近ではとくに増加している。センターは，申込先との調整，特定の教員への承諾と学生の調整，予算の調整など多様な業務に対応している。地域活性化のためのボランティア活動は地域社会からはたいへん喜ばれており，それによる「地域再生」に対しては補助事業の申請・採択により，今のところ対応できる状態になっている。しかし今後，国の「地域創生」事業費の削減により，地域でのこのような活動をどのように産学官連携センターのみならず大

図 1-2　産学官連携センターのさまざまな活動

学として維持できるのかが今後の課題でもある。

これまでのフィールドスタディの実施件数は，2016（平成28）年度28件，2017（平成29）年度31件，2018（平成30）年度31件となっている。とくにボランティア活動（災害以外）としての実施件数は，9件，15件，13件であったが，そのうち本学が全額負担した件数は3件（33.3%），4件（26.7%），3件（23.1%）であり，実施地域の協力によって，過去3年間では大学の負担額が減少している。また，調査依頼が2016（平成28），2017（平成29）年度に7件，2018（平成30）年度に12件と増加しており，地に足が着いた地域活動が行なわれていると考えている（岡山商科大学社会総合研究所，2019：20）。

4 教員・学生による地域での研究教育活動

学生の地域での実践活動は，学生の「主体的な協働による態度」の習得を目的として実施しているが，同時に，現状では研究活動として取り組めている教員は少なく，また教員の研究は個人として実施されているため，大学によって制約できるものではないと捉えられる（国立研究開発法人科学技術振興機構，2019)。ところが，教員による個々の研究をまとめて大学の特色ある研究として世に知らしめる事業として，文部科学省が研究ブランディング事業を提案し，2016（平成28）年度から公募・採択が開始された。これをうけて本学では，地域課題に取り組む教員が数多く在職していることから，「地域課題に取り組んでいる大学」としての特色を明確に示すために，2016（平成28）年度からこの事業に応募することをはじめた。本学は，法学部，経済学部，経営学部の3学部4学科構成であり，全学部から地域課題に関する研究テーマを選出し，それらの研究のうち「岡山県市町村プラットホーム」での課題解決のできる部分を組み込んだ研究体制を構築し，申請に向けて準備をすすめた。そして，2017（平成29）年度には「『寄り添い型研究』による地域価値の向上」（大﨑，2018：23）を研究テーマとして，社会的側面研究3分野3テーマ，経済的側面研究6分野11テーマの合計14研究テーマによる研究チームを構成し，3年間の継続期間で採択された。

研究の内容は，まず地域を考える際に基本となる人口構成に関係した若年層・高齢者対策，産業構造，仕事創造，空家対策に関する４研究テーマである。つぎに地域の活性化として，特産品開発には異なる地域で食に関する５研究テーマ，観光開発には地域資源を活かした観光，国際的な案内表示，地域のITによる情報発信に関する５研究テーマである。最後に，地域のブランド戦略，経済循環に関する２研究テーマである（大﨑, 2019a：27)。2017（平成 29)，2018（平成 30）年度に実施した研究成果のうち特産品開発の食に関する４件，地域の情報発信１件は，二松学舎大学との共同研究事業の一環として，2018（平成 30）年３月出版の『フードビジネスと地域』（井尻ほか, 2018）に掲載された。また，2018（平成 30）年度からこの研究が本格化し，11 件の研究がプラットホーム上で実施されたことから，フィールドスタディの 31 件と合わせて 42 件の活動が遂行された（岡山商科大学社会総合研究所, 2019：20)。

岡山商科大学は「地域と呼吸する大学」というスローガンのもとで，異なる分野の教員による協働を前提として，また，地域社会との連携を前提として，地域貢献のできる大学としてのブランド化を指向して体制を整備しつつある。なお，産学官連携センターとしては，地域での活動の日程，参加学生，教員等の調整を行なっている。なお，予算計画，執行についての調整，計画の進捗管理は総務企画課で行なっている。

また，2013（平成 25）年度から実施されている文部科学省私立大学等改革総合支援事業への申請・採択（大﨑, 2019b：31）がなされたことにより，研究支援もより充実し，教育・研究・地域貢献・国際化の４本柱を強化しながら，大学としての質の向上を図っている。

5　地域連携の在り方：寄り添い型研究について

既述のとおり，岡山商科大学は文部科学省私立大学研究ブランディング事業として，「『寄り添い型研究』による地域価値の向上」が採択されている。この事業の目的は，大学の調査研究をつうじて地域＝岡山県の価値の向上に貢献することだが，おそらく多くの読者にとって，「寄り添い型研究」という用語は聞きなれない言葉だろう。じつはそれがこの事業の大きな特徴＝大学のブランディングなのである。本節では，この研究ブランディング事業の概要や趣旨を説明すると同時に，その寄り添い型研究を推進していくうえで直面した課題について言及しておきたい。

従来，社会科学の分野で大学が地域をフィールドとして研究する場合，各種統計資料や，実地調査によって地域の現状把握を行い，その結果を分析し，報告書作成，政策提言等へと結びつけるという流れが一般的であった。もちろん，それは一定の成果を生み出してきたし，実際の自治体との連携においてもそのような研究が遂行されてきた。しかし，大学による研究の一般論として，それはややもすれば「上から目線」的な研究に帰結したり，極端な場合，地域の人にとっては「机上の空論」に映ったりしてきたことも事実であろう。何より研究が終われば，その地域とのつながりが切れてしまうことも多々見受けられたように思う。

ここで説明する「寄り添い型研究」とは，過去のそうした対応への反省から，「上から」ではなく地域と同じ目線に立って研究をすすめていく想定のもとで設計されている。具体的には，特産品の開発や販路開拓，観光プランの作成・実施，まちのPR，イベント等の地域での各種の取り組みに対して，学生，教職員が関わることのできる範囲で「同じ目線」に立って参加協力するというものである。したがって，そうした取り組みは行政も含め，地域の方々との共同研究であると同時に，協働する対象であるといういわば「共同／協働研究」なのである。地域に寄り添うとは，こうした意味をもっている。

しかし，重点はあくまでも「寄り添う」ことであって，大学が地域において中心的な役割を果たし，何らかの取り組みや活動を主体的，かつ積極的に行なうということではない。あくまでも主体は地域の人々であり，また，地域の企業や組織である。もちろん大学が独自に活動を行なうこと自体は悪いことではないし，大学だからこそ実現可能なこともあるだろう。ここで強調したいのは，残念ながら，われわれ大学が地域のなかでできることは限られているのが実情であり，あくまでも，できることを「させていただく」という謙虚な姿勢が必要であるということである。逆にいうと，地域から大学を安易に頼りにされる場合，その対応に苦慮することが多いのも事実である。教職員，学生は，それぞれまずすべき教育・授業，研究，仕事があり，その依頼を簡単に受けることは物理的にも難しい場合がある。

この点から，繰り返しになるが「寄り添い型研究」とは，「地域の方々の活動や努力を，大学としてできる範囲で支援，サポート，研究する」とのコンセプトのもとで構想されている。人口減少，少子高齢化がすすみ，地域から若年層が減少する話題はよく耳にするが，そこに大学が介在することで，地域の方々の活動に活力を提供したり，継続性を少しでも高めたりする効果を狙っている。その意味で，われわれの共同／協働研究は，地域における触媒作用を目指すものとして位置づけることができる。

逆に，地元地域での活動が組織体制も含めてしっかりしたものでないと，われわれもなかなか参画しにくいという事情が浮かびあがる。具体的な地域名は伏せるが，耕作放棄地を減らし，伝統的な製法でつくる農産加工品を後世に残していくことを目指す某団体との協働の事例では，事実上その団体も高齢化がすすんだり，メンバー間の意思の不統一が顕著になったりして，組織体制が崩壊しかかっている。教育・研究の場として，産学官連携センターや大学の取り組みとしてそこに学生を参画させるのは，非常に困難がともなうのである。寄り添い型研究は，あくまでも「地域あっての寄り添い」であることが，あらためて実感できる事例である。

その一方で，民間と行政がしっかりスクラムを組んで地域価値向上に取り組んでいるところへは，安心して学生を派遣することができるし，徐々にではあるが成果にもつなげられている。このように寄り添い型研究は，地域の事情や地域との関係性も考慮しながらすすめる必要がある。

6　結びにかえて：産学官連携センターからみた今後の地域活動の展望

岡山商科大学では社会科学系の産学官連携センターの設置から 12 年が経過し，地方自治体等との連携がより緊密になりつつある。国の「地域創生」施策を追い風にして，「教育，研究をとおして地域を支援する」センターであるという使命が明確化されたので，今後も教員の実施する教育・研究活動をスムーズに実施できるような組織体制を維持していきたいと考えている。地域から依頼された問題の解決のために，本学の人的，知的資源を有効に活用することでそれに対応していくことが当面の課題解決になっている。

ところで，「地域創生」の基本目標は，①地方における安定した雇用の創出，②地方への新しい人の流れをつくる，③若い世代の結婚・出産・子育ての希望をかなえる，④時代に合った地域をつくり，安心な暮らしを守るとともに，地域と地域を連携する，の四つであるとされる（中西, 2015：11)。現在，地域から寄せられる依頼の多くは，地域の若手の減少による行事や活動の担い手を求める事業であり，経営的側面からまでは考えられていないようである。

そのためさらに一歩すすんだ地域貢献の考え方として，地域の資源を活用した売り上げの向上，地域住民の働く場の確保，利益による設備投資，税金納付などの側面に関して経営的なサポートが必要であると考えている。とくに地域には，事業に真剣に取り組んでいる人々が活動していることもあるので，従来の「寄り添い型研究」に対して，つぎの支援としてはさらに一歩踏み込んで，「地域創生の基本目標」①にそった経営的側面からも，本章で紹介した研究ブランディング事業のもとで地域との連携を推進していく。

【謝　辞】

産学官連携センターの活動の推進をご支援いただいている地域の皆様，そして本学の井尻昭夫学長，運営委員会委員，中村裕課長補佐，中川尚子事務員に深謝申し上げます。

【文　献】

井尻昭夫・江藤茂博・大﨑紘一・松本健太郎［編］(2018).『フードビジネスと地域――食をめぐる文化・地域・情報・流通』ナカニシヤ出版

大﨑紘一・今井成男・田中勝次・佐藤明嗣（2010).『共同研究報告書――笠岡諸島における持続可能社会を基本にした振興策の研究（平成 20 年，21 年度実施)』

大﨑紘一（2018).「文部科学省 平成 29 年度私立大学研究ブランディング事業『寄り添い型研究』による地域価値の向上」『商大レビュー』*27*, 23–25.

大﨑紘一（2019a).「文部科学省 私立大学研究ブランディング事業 平成 29・30 年度の経緯」『商大レビュー』*28*, 27–29.

大﨑紘一（2019b).「文部科学省補助金 平成 30 年度私立大学等改革総合支援事業」『商大レビュー』*28*, 31–32.

岡山商科大学（2017).『学生手帳』pp.3–4.

岡山商科大学産学官連携センター［編］(2013).『産学官連携センター 5 周年記念誌』
岡山商科大学社会総合研究所［編］(2014).「フィールドスタディ」『商大レビュー』*23*, 32–34.
岡山商科大学社会総合研究所［編］(2019).「フィールドスタディ」『商大レビュー』*28*, 20–25.
国立研究開発法人科学技術振興機構［編］(2019).『産学官連携ジャーナル』*15*(6).
中西　渉 (2015).「地方創生をめぐる経緯と取組の概要——「将来も活力のある日本」に向かって」『立法と調査』*371*, 3–17.
文部科学省 (2013).「私立大学等改革総合支援事業」岡山商科大学調査書
文部科学省 (2017).「平成 29 年度私立大学研究ブランディング事業」岡山商科大学計画書（『寄り添い型研究』による地域価値の向上）

第2章
まちづくりに向けた二つのKPI
キー・パフォーマンス・インディケーターから
キー・プロセス・インディケーターへ

三好 宏

これからの日本のまちづくりの方向性を示す国や地方自治体の「まち・ひと・しごと創生総合戦略」では，KPI（Key Performance Indicator：重要業績評価指標）の設定と活用が一つの特徴となっている。KPIとは，施策の進捗状況を数値で示す指標のことで，その評価によって施策の改善を行うという，いわゆるPDCAサイクルをまわすための重要な基準となる。これまで，ややもすれば結果が厳格に問われてこなかった行政施策において，これは大きな転機をもたらすものであろう。しかし，国も含め各自治体のKPIによる進捗管理は，効果的に推進されているとはいいがたいのが実情である。目標達成にどれほど効果があるのか不明確な施策とそのKPIが設定されていたり，疑問を感じざるをえないその活用方法が実践されたりしている。本章では，こうした行政で用いられるKPIの問題性を指摘したうえで，有効なKPIのありかたを，KPIマネジメントを確立させてきた経営学の知見をもとに検討し，実践で使える一つの試案を提示したい。

1 はじめに

2014年，国は将来にわたって活力ある日本社会を維持するために，「まち・ひと・しごと創生「長期ビジョン」「総合戦略」」を閣議決定し，各自治体に2015～2019年度の地方版「人口ビジョン」と「総合戦略」の策定・実施を要請した。これは，人口減少，少子高齢化がすすむこれからの地方において，行政としてのまちづくりの進路を示すものといえる。

ところで，この「まち・ひと・しごと創生「総合戦略」」（以下，総合戦略）では，「明確な目標とそれを数値に置き換えたKPI（Key Performance Indicator：重要業績評価指標）を設定し，いわゆるPDCA[1]サイクルによってその効果を検証・改善しながら進めていく」[2]ことが義務づけられている[3]。従来の全国一律の短期的ばらまき型行政を反省し，地域の実情に合わせ，明確な数値目標のもとに施策を実行していくという意思の表れがそこにある。

しかし，筆者自身がこれに関連する各自治体の有識者会議等に出席するにつれて，KPIの取り扱いがうまく機能していないのではないか，他の視点からの活用の仕方があるのではないかと，その問題性を感じるようになった。そこで本章では，KPIマネジメントが確立・発展してきた経営学の知見を参考に，総合戦略におけるより有効なKPIの設定とその活用法について考察したい。

2 総合戦略におけるKPIの問題性

1）KPIの具体例

国の総合戦略では，「①地方における安定した雇用を創出する，②地方への新しいひとの流れをつくる，③若い世代の結婚・出産・子育ての希望をかなえる，

1）Plan（計画）→Do（実施）→Check（評価）→Action（改善）→Plan（計画）……といったように，これらを循環的に繰り返していくこと。

2）「まち・ひと・しごと創生「長期ビジョン」「総合戦略」パンフレット」〈https://www.kantei.go.jp/jp/singi/sousei/info/pdf/panf_vision-sogo.pdf（最終確認日：2019年8月16日）〉

3）そもそもKPIによる進捗管理は，2013年に閣議決定した「日本再生戦略――JAPAN is BACK」に端を発し，以後の政策においても盛んに活用されている（大西・福元, 2016）。

④時代に合った地域をつくり安心なくらしを守るとともに，地域と地域を連携する」という四つの基本目標の方向性が示されている。各自治体は，これにあわせて自身の強みを活かした独自の基本目標を立て，それを達成するために具体的な施策を考案し実施する。そのときこれも各自治体が設定した KPI によって，その進捗状況を管理・改善につなげていく仕組みとなっている。

表 2-1 と表 2-2 は，筆者がかかわっている岡山県内の自治体が定める KPI のうち，主に「②地方への新しいひとの流れをつくる」に係る項目を抜き出したものである[4)]。これをみて明らかなように，同じ基本目標であっても，その KPI は共通するものもあれば，自治体に独自のものもある。また，たとえば観

表 2-1　「地方への新しいひとの流れをつくる」等に係る各自治体の定める KPI
（出典：各自治体の総合戦略から筆者作成）

	A 自治体	B 自治体	C 自治体
基本目標の KPI	社会増減	移住者数	年間社会増数
	若年人口（20 ～ 39 歳）	社会動態増減数	
	年間観光客		
具体的施策の KPI	移住者数	三世代同居等支援制度利用者数	下水道普及率
	移住に関する相談件数	転入者数	橋梁の点検実施率
	空家バンク登録数	市内高校生の地元企業就職者数	道路改良率
	お試し住宅の利用件数	転出者のうち 18 ～ 25 歳の占める割合	Y 線路線バスの一日あたりの乗車人数
	S 観光地の年間入場者数	住居系用途における建築物着工数	東京および大阪において開催される定住相談会への参加回数
	U 観光施設の年間利用者数	特定用途制限地域における開発面積（宅地に限る）	定住相談会または岡山県移住希望者登録等での相談件数
	未病息災プログラムによる交流人口の増大	有効求人倍率数	定住相談会または岡山県移住希望者登録等を経て移住した人の数の累計
	外国人観光客向け広域観光周遊ルートのモデルコース設定数	年間観光客入込人数	観光入込客数

表 2-2 D 自治体の当該項目の KPI（出典：D 自治体総合戦略から筆者作成）

<table>
<tr><th></th><th colspan="3">D 自治体</th></tr>
<tr><td rowspan="4">基本目標の KPI</td><td colspan="3">転入者数</td></tr>
<tr><td colspan="3">転出者数</td></tr>
<tr><td colspan="3">交流人口</td></tr>
<tr><td colspan="3">移住希望者の D 市認知度</td></tr>
<tr><td rowspan="12">具体的施策の KPI</td><th>中事業レベル：KPI</th><th>小事業レベル</th><th>小事業達成目標指数</th></tr>
<tr><td rowspan="5">定住促進の仕組みを構築：移住者数</td><td rowspan="5">交流定住推進事業</td><td>プラットホーム HP 構築数</td></tr>
<tr><td>新コンテンツ追加数</td></tr>
<tr><td>相談会参加回数</td></tr>
<tr><td>移住者数</td></tr>
<tr><td>移住相談件数等</td></tr>
<tr><td rowspan="4">シティプロモーションの推進：移住希望者の認知度</td><td rowspan="4">シティプロモーション推進事業</td><td>ゆるキャラ着ぐるみ貸出件数</td></tr>
<tr><td>イベント開催数</td></tr>
<tr><td>公式 Facebook 開設・更新回数</td></tr>
<tr><td>ファンデータベース登録数</td></tr>
<tr><td rowspan="2">地域の特性を生かした交流定住促進事業：転出者減，交流人口</td><td rowspan="2">H 地域振興事業（産品活用）</td><td>交流人口</td></tr>
<tr><td>提供施設数</td></tr>
</table>

光客数に関する KPI では，基本目標の KPI としているところもあれば，具体的施策の KPI としている自治体もある。さらに D 自治体は，具体的施策を，中事業，小事業へと分類したかたちにしている。こうした違いは，それぞれの地域の事情を勘案した結果として選択されたものであり，これまで横並びと批判されてきた行政施策とは，一線を画すものと評価できよう。

2）KPI 設定の問題

しかし，こうした KPI をみて率直に浮かぶ疑問は，その妥当性である。たし

4）岡山商科大学の私立大学研究ブランディング事業において，筆者は主に移住者や観光客増加に関わる地域ブランドをテーマにしているため，このような表を作成した。なお本章は，各自治体の KPI の良し悪しを論じることが目的ではないので，誤解を受けないようあえて匿名にしている。

かに「地方への新しいひとの流れをつくる」という目標に対して，「社会増減（数）」「移住者数」「転入者数」「観光入込客数」などは，重要業績評価指標（KPI）として数値管理をしていくうえで至極順当なものだといえる。しかしその一方で，たとえば「定住相談会への参加回数」は必要な施策ではあるが，それを実施したからといって，移住者増加へと直結しているわけではない。そこで何をどうアピールするのか，あるいは，その相談会は当該自治体にとって参加すべきものなのかどうかの判定は，このKPIではできない。つまり，最終的な到達目標を示す指標とそれに向けて行う施策の指標が混在しており，しかも最終的な目標と各施策で行われる具体的内容との関係が判然としていないのである。

こうしたKPI妥当性の問題は，その設定の仕方に原因がある。国の指針によると，基本目標のKPIは，実現すべき成果（アウトカム）に係る数値目標を設定するとある[5)]。しかし具体的な施策については，原則実現すべき成果（アウトカム）に係る指標を設定するが，行政行動そのものの結果に係る指標を設定することも差し支えないとする。行政行動そのものに係る数値目標とは，「行政が実施する企業立地説明会の開催回数」「移住に関するパンフレットの配布数」といった例が示されているように，本当に求めるべき結果ではなく，それに向けてのなんらかの行政の行動，いわば最終目標に向けてのプロセス（国はこれをアウトプット指標と呼んでいる）に関するものであり，そうした指標も認められているのである。

大西・福元（2016）は行政によるKPIの活用に関して，企業経営分野でのKPIの議論を検討するなかで，アウトプット管理の数値のみに着目するのではなく，指標間の関係性に着目し，パフォーマンスドライバーとなるようなKPIの必要性を指摘している。とくに，求めるべき目標とそれを達成に導く要因といった「原因－結果」の因果関係，あるいは「目的－手段」関係を基礎としたKPIの発見の重要性を説く。彼らの主張を敷衍すると，国のいうアウトカムのKPIとそれに向けてのパフォーマンスドライバーのKPIの混在そのものが悪

5）内閣官房まち・ひと・しごと創生本部事務局（2014）．「地方人口ビジョン・地方版総合戦略の策定にあたっての参考資料」（未定稿）〈https://www.kantei.go.jp/jp/singi/sousei/info/pdf/sankou_chihou_vision.pdf（最終確認日：2019年8月16日）〉

いのではなく，アウトカムの厳格な数値目標の設定は必要不可欠であるが，その成果を導き出すプロセスにもとづいたKPIの設定が重要なのである。

この点でいうと，表2-2で示したD自治体の総合戦略は，目標－手段－結果の因果関係を整理した構造をもっている。基本目標に係る具体的施策（中事業レベル）を定めKPIを提示した後，さらに小事業レベルに落とし込み，その達成目標指標（小事業レベルのKPI）を定めている。施策の連鎖を明確にすると同時に，進捗状況管理を徹底するためにより細かな数値目標も定めている。

とはいうものの，たとえば小事業レベルのシティプロモーション推進事業において，「ゆるキャラ着ぐるみ貸出件数」が数値目標として掲げられている。着ぐるみをどこかのイベントで使ってもらうことは，プロモーションの一部であることは確かだが，それが本当に移住希望者に対する認知度（中事業レベルKPI）をアップさせるのだろうか。少なくとも，それは最も優先すべき施策とはいえないだろう。やはりこの場合，KPIの妥当性の問題を回避することができていない。

3）KPI活用の問題

問題はほかにもある。KPIの活用の仕方である。たとえば国の事例でいうと，5か年計画の中間年にあたる2017年の段階で，総合戦略のKPI検証チームを開催し，KPIの検証を行っている[6)]。以下は，その報告書における記載を抜粋し，要約したものである。

> KPIは総数が120件であり，このうち，4つの基本目標に係るKPIが15件，その下の各施策に係るものが105件である。これを進捗状況に応じて，つぎの3つに分類した。①目標達成に向けて進捗している（目標を達成しているもの及び実績値が当初の値より上昇しているもの），②目標達成に向けた政策効果が必ずしも十分に発現していないもの，③その他（現時点で統計上実績値の把握不可能なもの等）この分類から，KPI120件のうち

6）まち・ひと・しごと創生総合戦略のKPI検証に関する報告書〈https://www.kantei.go.jp/jp/singi/sousei/meeting/kpi_kenshouteam/h29-12-13-kpi_houkokusho.pdf（最終確認日：2019年8月16日）〉

①が 86 件，②が 12 件，③その他が 22 件である。

総合戦略全体の進捗状況を確認するために，達成何件，未達成何件という評価の仕方はあってもよい。しかし，仮に目標達成指標の件数が増えたとしても，たとえば移住者を何人増加させるという数値が達成できなければ，政策結果としては不十分である。KPI はあくまでも一つひとつの施策において，それがどのように進捗しているのかを判定し，改善策を講じるためにある。最終目標を達成できるかどうかのつながりが不明瞭な KPI がいくら目標値を超えたからといって，それを全体数に算入しても価値は小さい[7]。

3　まちづくりに向けた KPI の試案

1）KPI マネジメントの要諦：KPI の機能・役割

それでは，こうした問題を克服するために，どのような KPI の設定・活用の仕方があるのだろうか。KPI マネジメントを発展させてきた経営学の知見を手がかりに探っていこう。

経営学研究として KPI マネジメントに関する文献をサーベイした森口（2013）によると，KPI は実務的にはよく取りあげられるテーマだが，メインの研究対象となることは少なかったし，その定義（概念）も多様であるという。そうしたなか，森口（2013）は KPI を伝統的に取り扱ってきたマネジメント・コントロール[8]の基本的文献をつうじて，KPI がもつ役割・機能を，関連する重要な概念 CSF（Critical Success Factors：重要成功要因）との関係から検討している。彼によると，KPI とは「組織のビジョンの実現，組織目標の達成，戦略の実行が成功するよう確保するために成功裏の達成が不可欠な業績指標」であり，CSF を「組織のビジョンの実現，組織目標の達成，戦略の実行の成功

7）じつは筆者がメンバーとなっている自治体の会議においてもまったく同様な対応が取られている。

8）組織目的の達成のために，資源を効果的かつ能率的に取得・利用することを経営者が確保するプロセスをいう（櫻井，2003：81）。伝統的なマネジメント・コントロールは，①経営計画の策定，②予算編成，③予算の執行と会計，④分析と報告からなる（吉川，2006：14–15）。

を決定づけるきわめて重要な要因（領域）」とみなす。そして，「識別されたCSF内でその効果的な実現／達成のためにKPIが活用されるという関係性で捉えるもの」と述べている。つまり，組織の目標を達成するためにはなんらかの要因があり，その要因に関することがうまく実行できたかどうかを評価するものがKPIである，としている。

したがって，ここでのKPIは目標達成に向けての要因と関連する手段の有効性を判断する指標ということになる。当然そのためには，目標を達成する要因がきちんと把握されていると同時に，それを実現する具体的方策が策定されていることが大前提である。いいかえれば，「原因－結果」の因果関係，あるいは「目的－手段」関係という，成功に向けてのある種のストーリーが打ち立てられていることが重要となる。

こうした考えは，実務世界でも同様のようである。用語の使い方が若干異なってはいるが，コンサルタントが記した文献でも「目標（目的）－手段」の関係のなかでKPIを扱っている（大工舎・井田，2015；大工舎，2017；中尾，2018など）。

たとえば，大工舎・井田（2015）では，KPIを成果KPIとプロセスKPIという2種類に分けたうえで，つぎの図2-1のようなステップでKPIの活用方法を説いている。

彼らが経営学の文献などにもとづいてこうした手法を開発したのかは定かではないが，いわんとしていることは同じである。組織目標（成果KPI）の達成に向けて何をしなければならないかを明らかにし，それに向けてやるべきこと（複数）に，プロセスとしてのKPIを設定して，その評価をつうじてPDCAサイクルをまわすことが必要だと強調している。こうした主張から，KPIはプロセスに関するものとして扱うことがより有効であるという点は把握しておく必要がある。

図 2-1　KPI 設定手順（出典：大工舎・井田（2015：72））

ところで森口（2013）には，もう一つ注目したい指摘がある。それは，KPIは診断型コントロール・システムにおいて「意図した戦略の成功裏の実行のための重要な役割を担っていると同時に，対話型コントロール・システムにおける戦略的不確実性に対する認識をサポートする「早期警戒型」の役割も担っている」という点である。これは簡単にいうと，不確実性が増す現代において，戦略は最初に計画されたとおりに遂行されるとは限らない。それをいち早くKPIによって認識するという，一種のセンサーのような機能をそれにもたせるということである。診断型とは，まさにその結果が達成できたかどうかの純粋な評価に関するものであるのに対し，早期警戒型とは，対話＝経営環境が変化するなかで（戦略）実行の進み具合をそのつどチェックすることによって，うまく遂行できていない場合は，ただちに戦略の修正を要求するという役割である。

2）キー・プロセス・インディケーターとしての活用法

こうした経営学分野におけるKPIマネジメントの肝要な点を踏まえ，地方版総合戦略において，KPIをどのように取り扱えばよいのか，その策定や活用方法に関する試案をここで提示しよう。

まず経営学研究や実務世界において指摘されているように，KPIはCSFと確実に結びついているということが必要である。それには，基本目標と各施策との関係，いいかえると目標を達成するためには何が必要かを的確に捉え，それらと明確につながりがあるKPIを設定しなければならない。ここでは，それは目標達成に導くプロセスに関するものなので，同じKPIでも「キー・プロセス・インディケーター（Key Process Indicator）」と呼ぼう。

先述のとおり，地方版総合戦略の基本目標におけるKPIは，原則実現すべき成果（アウトカム）に係るものと規定されている。そのもとに具体的な施策が策定・実施されるのだが，その関係，すなわち成功への道筋が明確に示されていなければならない。

したがって，まずは最終目標を数値で捉えたKPI「キー・パフォーマンス・インディケーター（Key Performance Indicator）」[9]を設定する。そして，それを成功に導く要因を洗い出したうえで，それぞれを実現するための施策を打ち出し，その進捗状況を管理できるプロセスとしてのKPI「キー・プロセス・イ

図 2-2　移住者獲得に向けた KPI 例

ンディケーター（Key Process Indicator）」を打ち立てる。

上の図 2-2 は，営業研究におけるプロセス管理の事例[10]をもとに作成したものである。最終目標である移住者増加という成果につなげるための，移住相談会の利用という施策に関するプロセスを重視した KPI 設定例である。

右端の移住者数が最終的成果（目標）であり，移住者説明会がその成功要因（手段）である。現実の自治体の KPI は，この説明会に何回参加するかのみで，それをもとに具体的に何をするのか，といった「プロセス」の視点はない。それに対し試案では，相談会において何人に相談ブースに訪れてもらうのか，その訪れた人のうち見込者を何人獲得するのかを KPI としている。もちろん，それは事前にわかるものではないが，何回か説明会に出れば，入場者の何パーセントぐらいが当該自治体のブースを訪れてくれるか，そのうちの何パーセントが当該自治体地域に関心をもってくれるかの見通しを立てることは可能である。

こうした KPI の設定のもと具体策が講じられる。仮に目標よりブースを訪ねてくれる人が少ないのであれば，それはなぜか，何が原因でそうなっているのかを考えるきっかけとなる。逆（予想以上に多い場合）もまた然りである。いずれにせよ，予想と現実のギャップから対策を常に変化させていく。前項で指摘した「早期警戒型 KPI」としての活用である。

3）さらなる展開：キー・プロセス・インサイトとしての KPI

しかし，こうした KPI「キー・プロセス・インディケーター（Key Process Indicator）」にも課題はある。というのも，これは意図した「原因－結果」の

9）それを KGI（Key Goal Indicator：最終目標指標，あるいは需要目標指標）という場合もある（森口, 2013；中尾, 2018）。

10）たとえば，石井（2004）では，住宅展示場に来た人から契約に結びつけるまでの住宅メーカーのプロセス営業の事例が示されている。

因果関係，「目的－手段」関係の枠組みのなかでの話でしかない。移住者相談会をいかに活用するかという施策においては，試案はある程度の効果が期待できようが，現実には行き詰る可能性もはらんでいよう。したがって，こうした施策を遂行する過程のなかで，何か別の画期的な施策を発見したり，これまで意図していなかった移住者のニーズに気づいたりという点も大切である。それを経営学の世界では，「ビジネス・インサイト」という。

石井（2009）は，インサイトを「種々の知識，情報，課題を総合的に勘案しながら「将来を見通していく力」」とし，ビジネスの成功を導くための鍵となるもの，あるいは経営者に必要なものとしている。「新しい切り口」や「創造的瞬間」という意味でもこの言葉はもちいられる。

石井はマイケル・ポランニーによる『暗黙知の次元』の議論を手がかりに，インサイトの獲得には対象に棲み込む＝内在化することが鍵だという。そこでの対象とはたとえば，人であり，知識であり，事物である。

石井の議論に依拠して，移住者獲得の例を考えるとつぎのようになる。説明会に参加し，ブースに相談に来てくれた人がいる。そのとき「なぜ移住したいのか」「この地域に関心をもったのはなぜか」など，いろいろな会話がなされるであろう。その際，決まりきった質問とその回答といったデータ集めに終始するだけではなく，その人の立場に立って，徹底的に（あらゆる可能性について）移住するということを想像する（棲み込む）のである。そこから，みえてこなかった当該地域の魅力や問題点が浮き彫りにされる瞬間が訪れるかもしれない[11]。

プロセスにもとづいたKPIは，じつはこうしたインサイトを得るきっかけとしても活用できる可能性を秘めている。この意味で，KPIは意図せざる新たな施策を生み出すKPI「キー・プロセス・インサイト（Key Process Insight）」にもなりうるのである。

11）たとえば，A自治体関係者にヒアリングした際，移住した理由として，ポスターに写っていた川を中心とした町の風景（図2-3参照）に魅かれたという人がいるという説明があった。地元の人には何気ない風景の一部の「川」が，この自治体への移住に大きな鍵となっている可能性が示唆される。

図 2-3　A 自治体の風景写真

4 おわりに

総合戦略の実施上の特徴である KPI マネジメントについて，経営学の知見から，その活用に関する方向性を示唆するとともに，一つの試案を提示した。強調したいことは，施策判定としての KPI「キー・パフォーマンス・インディケーター」よりも，「キー・プロセス・インディケーター」としての KPI の重要性である。そしてそれは，新たな政策策定のためのインサイトを獲得するきっかけにもなりうるものである。総合戦略は 2019 年度が最終年度であり，すでに第 2 期総合戦略が予定されている。本章の考察は，特に KPI マネジメントへのビジネス・インサイトの応用については可能性の指摘にとどまっているが，さらに実践的な研究を進め，行政による KPI マネジメントに対する貢献を果たしたい。

【謝　辞】
本研究は，文部科学省平成 29 年度私立大学研究ブランディング事業「『寄り添い型研究』による地域価値の向上」の助成を受け実施した。

【文　献】

石井淳蔵（2004）.『営業が変わる――顧客関係のマネジメント』岩波書店

石井淳蔵（2009）.『ビジネス・インサイト――創造の知とは何か』岩波書店

大西淳也・福元　渉（2016）.「KPI についての論点の整理」PRI Discussion Paper Series No.16 A-04 財務省財務総合政策研究所

岡山県内 4 自治体『2017 年度　地方版まち・ひと・しごと創生総合戦略』

楠本和矢（2017）.『人と組織を効果的に動かす KPI マネジメント』すばる舎

櫻井通晴（2003）.『バランスト・スコアカード――理論とケース・スタディ』同文舘出版

大工舎宏（2017）.『事業計画を実現する KPI マネジメントの実務――PDCA を回す目標必達の技術』日本能率協会マネジメントセンター

大工舎宏・井田智絵（2015）.『KPI で必ず成果を出す目標達成の技術――計画をプロセスで管理する基本手順と実践ポイント』日本能率協会マネジメントセンター

中尾隆一郎（2018）.『最高の結果を出す KPI マネジメント』フォレスト出版

森口毅彦（2013）.「マネジメント・コントロール・システムと KPI の機能」『富山大学紀要　富大経済論集』*58*(2・3 合併号), 359–401.

吉川武男（2006）.『バランス・スコアカードの知識』日本経済新聞社

第3章
高齢期の就業と社会貢献活動
瀬戸内市アンケート調査「高齢期のくらしと仕事に関する調査」の分析

國光 類／佐々木昭洋／田中勝次／三谷直紀

日本では，少子高齢化・人口減少の進展により，労働力人口の大幅な減少が見込まれており，その傾向は，大都市圏よりは地方圏で深刻である。このため，労働力の確保や社会保障を持続可能なものにするという観点から，地域の高齢者の就業や社会貢献活動が政策的に重要な課題となっている。

本章では，岡山県瀬戸内市で実施したアンケート調査「高齢期のくらしと仕事に関する調査」(2018年) をもちいて，地域の実態を明らかにするとともに，課題を摘出する。高齢者の活用において，瀬戸内市は全国平均と同じ水準まで進んでおり，定年後も多くの人が就業している。また，ボランティア等の社会貢献活動への意欲も非常に高い。一方で，健康や労働への意欲に個人差があり，就業形態や労働時間等においてニーズが多様化している。特に，男女間で年齢による就業率の変化に大きな差が生じており，女性が継続雇用を選択していない実態がうかがえる。

高齢期の労働供給と社会貢献活動において，「健康」と「金銭」が大きな制約となっている。加齢による体力の衰えや疾病リスクの増加は，高齢期の社会参加を減少させる要因となる。金銭については年金との関係が重要であり，年金受給が高齢者の引退促進につながる可能性がある。また，定年制などの企業が行う「退職管理」が引退行動に及ぼす影響も無視できない。本章では，これらの要因が人々の意識に与える影響について考察していく。

1 はじめに

少子高齢化・人口減少が急速に進行する日本において，高齢者雇用の促進は労働力の確保や社会保障を持続可能なものにするという観点から重要な課題である。また，地域の社会貢献活動やボランティアなどに参加する高齢者を増やすことも地域の社会的機能を維持することや高齢者と社会とのつながりを確保するうえで重要である。

改正高年齢者雇用安定法（2006 年および 2013 年施行）では，企業に 65 歳までの雇用確保措置を義務付けており，労働者が望めば 65 歳まで雇用される。一方，公的年金の支給開始年齢は，3 年に 1 歳ずつ引き上げられており，2025 年には基礎年金部分と報酬比例部分ともに 65 歳に引き上げられる予定である。このことは，高齢者就業や社会貢献活動に関する施策の重点は 60 歳台前半から 60 歳台後半あるいは 70 歳台前半に移りつつあることを示唆している。

本章では以上を踏まえて，岡山県瀬戸内市で実施したアンケート調査「高齢期のくらしと仕事に関する調査」の調査結果をもちいて，地域が直面する高齢期の就業や社会貢献活動に関する課題について分析する。

2 アンケート調査の実施概要

1）瀬戸内市概要

岡山県の東南部に位置する瀬戸内市は，2004 年 11 月に牛窓町，邑久町，長船町の合併によって誕生した。東と南は瀬戸内海に面し，西は岡山市に接する。人口は 37,472 人（2018 年 11 月 1 日現在）で，2002 年をピークに減少傾向にある。瀬戸内市の人口推計によると，2010 年から 2020 年までの 10 年間で労働者世代が約 3,200 人（9.5%）減少すると予測している。一方で，高齢者数は 2020 年の 12,075 人をピークに高止まりの状況がつづき，高齢化率は 35% 水準を長期にわたって維持し続けると予測している[1)]。今後，同地域における労働者確保が課題になると考えられる。

1）「瀬戸内市の人口推計平成 27 年～平成 47 年」（瀬戸内市，2015）を参照。

2）アンケート調査の基本特性

本章では，瀬戸内市で実施したアンケート調査の結果を報告する。調査の内容は下記のとおりである。

調査名　「高齢期のくらしと仕事に関する調査」
実施方法
（1）調査方法：郵送調査
（2）調査実施委任機関：瀬戸内市役所
（3）調査実施期間：2018 年 10 月 18 日から 11 月 8 日
（4）調査対象：瀬戸内市在住の 55 歳以上，75 歳以下の者から層化無作為抽出により選出された 2000 人
（5）抽出条件：地区（投票区）ごとに，対象年齢の人口比率により抽出
男女比は，全体比率により抽出
同一世帯からは，1 人のみ抽出
回収状況
発送数は 2000 人
回収数は 1131 票（回収率 56.5%）
有効回答数は無効票を除く 1130 票（有効回答率 56.5%）

3　高齢期の就業の実態

瀬戸内市の高齢期の就業の実態をアンケート調査からみてみよう。性・年齢別就業率をみると，60 歳台後半は男性で約半数，女性で 4 割近くの人が就業しており，高齢期になってもかなりの人が就業していることがわかる（図 3-1）。また，年齢が高くなるにしたがって，就業率が低下しており，加齢とともに引退している様子がうかがえる。

これをさらに就業形態別にみると，つぎのようなことがわかる（図 3-1）。第一に，男女とも自営業として働いている人の割合において，年齢による差異が小さく，各年齢階級の人口の 1 割程度であることである。自営業は比較的自由に労働時間などの勤務形態を自ら選択可能であることが背景にあるものと考え

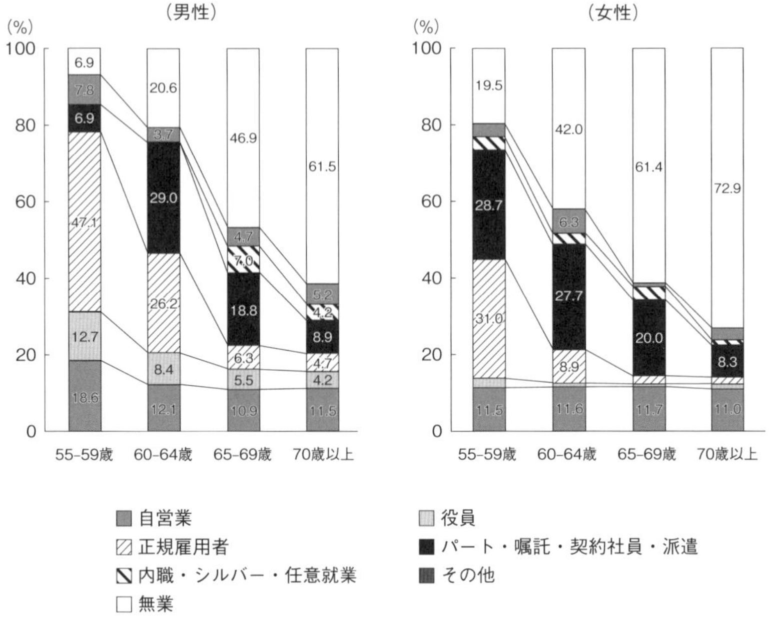

図 3-1　性・年齢・就業形態別就業者の対人口比

られる。第二に，定年前後の就業形態の変化が男女間で異なることである。50歳台後半では，男性では正規雇用者が多く，女性ではパートタイム労働者などの非正規雇用者が多い。60歳台前半では，男性の正規雇用者が半減するとともに，非正規雇用が大きく増えている。女性の場合は60歳台前半では大きく正規雇用者が減少するが，非正規雇用者はほとんど増えていない。男性の場合は，定年後継続雇用される場合が多いのに対して，女性の場合は親の介護等のために定年後継続雇用を選択しないで不就業を選択していることがあるものと考えられる。第三に，60歳台後半および70歳台前半の就業状態をみると，女性ではパートタイム労働者などの非正規雇用者が多いのに対し，男性では役員，正規雇用者，任意就業などの非正規雇用者以外の就業形態の者が比較的多く，就業形態の多様化がみられることである。この背景には，女性の場合には家庭内生産に従事する者が多く，任意就業等の就業形態に就業する者が多くないことなどが考えられる。

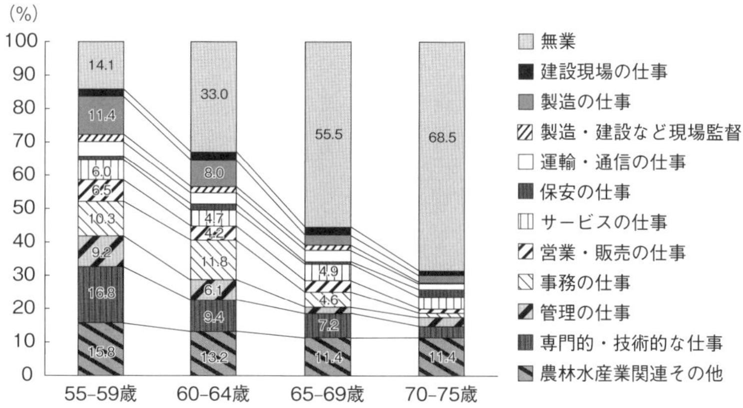

図 3-2　年齢・職種別就業者の対人口比（男女計）

つぎに，高齢者がどのような仕事についているのかをみてみよう（図 3-2）。男女計で 55 ～ 75 歳計でみると，農林水産業関連の仕事（24.4%），専門的・技術的仕事（15.3%），製造の仕事（10.2%）などで多くなっている。年齢別に人口比でみると，男女計では，60 歳台前半では，農林水産業関連の仕事（13.2%），事務の仕事（11.8%），専門的・技術的仕事（9.4%），製造の仕事（8.0%）などで多くなっている。50 歳台後半と比較すると，事務の仕事や製造の仕事で低下幅は比較的小さく，専門的・技術的仕事や管理の仕事でやや大きい。60 歳台後半では，事務の仕事や製造の仕事が 60 歳台前半に比べて大きく落ち込んでいる。一方，農林水産業関連の仕事やサービスの仕事ではほとんど低下しておらず，また，専門的・技術的仕事でも低下幅は比較的小さい。

背景にはつぎのことが考えられる。第一に，農林水産業関連の仕事やサービスの仕事のように自営業やパートタイム雇用の場合には，比較的労働時間の自由度が大きく，高齢者が働きやすい仕事であることが考えられる。第二に，事務の仕事や製造の仕事のように組織で作業を行う必要のある仕事の場合，改正高年齢者雇用安定法の雇用維持効果が比較的大きかったことを示唆している。第三に，専門的・技術的仕事に就いている労働者の場合には，加齢による職業能力の低下が比較的小さく，したがって，高齢期でも就業する者が比較的多いことが考えられる。

産業・規模別にみると，つぎのことがいえる。55 歳当時に正社員であった者の産業別分布をみると，製造業（30.4%），公務（18.2%）などの割合が多い半面，サービス業（10.9%）や卸売小売業などのウェイトが比較的小さい。典型的な地方小都市型の産業構造といえよう。勤め先の企業規模別にみても，1000 人以上規模 26%，500 ～ 999 人規模 9% と，大企業の割合がかなり高い割合をしめていることが注目される。

4 社会貢献活動の実態

つづいて，社会貢献活動の参加状況についてみていこう。社会貢献活動と一口にいっても，その意味するところは人により異なるであろう。一般にはボランティア活動と同一視される向きもあるが，内実は多岐にわたる。町内会や老人クラブで行われる地域活動や，社会福祉協議会との関わりが深い民生委員や愛育委員等の無償ボランティア，シルバー人材センターから斡旋される軽微な仕事，いわゆる有償ボランティアまで社会貢献活動に含まれる。

まず，高齢期における社会貢献活動への参加率を確認しよう。瀬戸内市においては，全体の 21.7% が何らかのかたちで社会貢献活動を行っていると答えており，社会貢献活動への意欲の高さがうかがえる。参加者の内訳をみると，男性が 25.5% であり，女性の 19.6% より高く，また男性では年齢が高くなるほど参加率が増加している（表 3-1）。一方で，女性は 60 歳台後半の参加率が 16.0%

表 3-1　社会貢献活動への参加（年齢階層別）

	男性		女性	
	人数	参加率	人数	参加率
55–59 歳	19	18.8%	14	16.9%
60–64 歳	26	24.3%	21	19.3%
65–69 歳	31	24.6%	23	16.0%
70 歳以上	51	27.4%	51	24.1%
年齢不詳	2	33.3%	2	11.8%
参加	129	24.5%	111	19.6%
不参加	397	75.5%	454	80.4%

と，前後の年齢層に比較して落ち込みがみられる。これは当該年齢層の女性においては，親の介護の負担が大きく，参加の意欲が高くても参加できない状況が考えられる。社会貢献活動の具体的な内容は多岐にわたるが，男性の場合は町内会や市民活動の代表者や役員が目立ち，女性の場合は老人ホームや施設での慰問活動（歌・ダンスの披露）が多いのが特徴であろう。

つぎに，社会貢献活動への参加と現在の仕事との関連についてみていこう。自営業者，役員，正規雇用者，非正規雇用者（パート・嘱託・契約社員・派遣），任意就業者（内職・シルバー・任意就業）で分類し，それぞれの従事者における社会貢献活動への参加率をみる。任意就業者の参加率が36.7%と最も高く，つぎに役員の25.0%，自営業者23.3%，非正規雇用者17.3%，正規雇用者16.2%と並ぶ。特に任意就業者の中でも，シルバー人材センターの仕事に従事する者は社会貢献活動への参加率が高く（42.9%），社会貢献活動の担い手としてシルバー人材センターが重要な役割を果たしている可能性がある。

以上のような順番となった理由として，時間的な制約の問題が想像される。たとえば任意就業者，役員は相対的に自分で労働時間を決定できる余地が大きく，社会貢献活動へ参加しやすいという状況が考えられる。その一方で，最も低い参加率であった正規雇用者の場合は，自分で労働時間を決定できる余地が小さく，まとまった時間の確保が難しいため，社会貢献活動へ参加する余裕がないという状況が想定される。また，つぎに低い参加率であった非正規雇用者を性別ごとに詳しくみると，男性の場合は20.3%，女性では15.1%であり，女性の方が参加率は低いことがわかる。これは，女性は家族の介護や孫の育児等の家庭内生産が多く，社会貢献活動に参加する時間的・精神的余裕がないということが考えられる。

5　高齢期の労働供給と社会貢献活動に関する意識

ここでは，高齢期における労働供給および社会貢献活動にとって重要な要素を明らかにしたい。とくに健康と金銭の問題に焦点を当てる。まず，瀬戸内市におけるアンケート調査において，「65歳以後の生活に対するイメージ」を尋ねた結果を述べる（図3-3）。最も多い解答は「働けるうちは働き続ける」であ

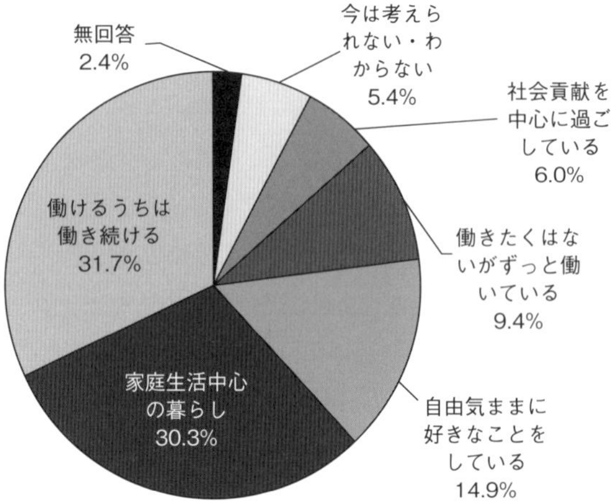

図 3-3　65 歳以後の生活イメージ

り（31.7%），「働きたくはないがずっと働いている」の 9.4% を加えると，約 4 割の人が 65 歳以上になっても働くことを想定していることがわかる。

性別ごとの内訳をみると，「働けるうちは働き続ける」と答えた人は男性 203 人，女性 133 人で男性の方が多く，「働きたくはないがずっと働いている」と答えた人は男性 46 人，女性 54 人で，大きな差はなかった。このことから少なくとも男性については高齢期の就業について肯定的に考えていることがうかがわれる。一方で「家庭生活中心の暮らし」と答えた者は女性の方が多く，男性 96 人，女性 224 人であった。介護を含めた家庭内生産における女性の役割の重要性がわかる結果となった。

また，高齢期の生き方に関する興味関心を調査した結果（図 3-4）においても，「生涯現役で仕事を続ける」と答えた者は 32.8% となっており，環境さえ整えば 65 歳以後，高齢者においても働く意思が強いことがわかる。加えて，「軽易な仕事で社会貢献」と答えた者は 44.7% であり，高齢者の社会貢献活動への参加意欲は非常に高い。しかし前節でみたとおり，実際に社会貢献活動へ参加している高齢者は 21.7% にとどまることから，何らかの制約を抱えていることが示唆される。

一方で，図 3-4 では趣味に次いで「生涯学習や健康づくり」をあげる人が多

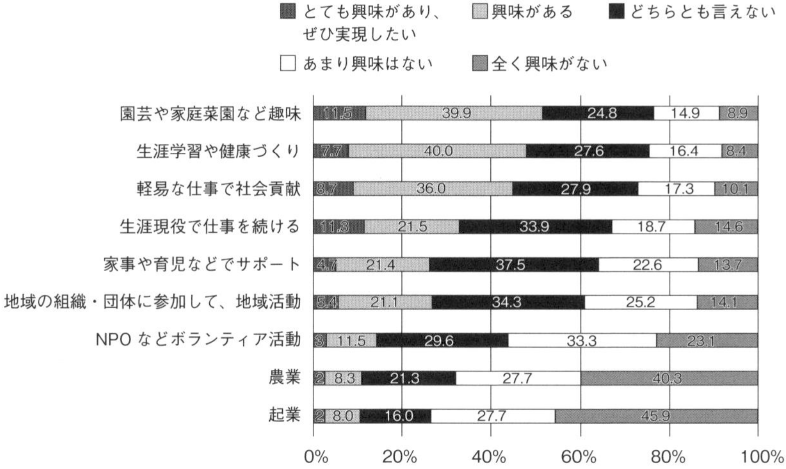

図 3-4　高齢期の生き方に関する意識

く（「とても興味があり，ぜひ実現したい」と「興味がある」を合わせると40.7%），健康の重要性が見て取れる。実際，本アンケート調査において高齢期の生活における不安要素を尋ねたところ，「健康」をあげた人が 51.2%，「金銭」と答えた人が 47.7% となり，健康と金銭が高齢者にとって大きな問題となっていることが示唆される。健康，金銭といった諸問題が解決されれば，就労だけでなく，高齢者の社会貢献活動への参加も増加することが見込まれる。

金銭面での不安については，年金と就業との関係が重要であり，これらの問題については数多くの先行研究において議論されている。たとえば清家・山田（2004）では，高齢期における就業の主たる要因は経済的な理由であることを報告している。さらには，年金制度の拡充が高齢者の引退促進につながる可能性を示唆している。あるいは，給与水準に応じた年金の減額（在職老齢年金制度）が就業抑制に与える効果の有無についても，数多く議論されてきた（大竹・山鹿，2003 など）。また，2001 年から始まった年金支給開始年齢の引き上げも，労働供給への影響という点において重要な論点であろう（菅・清家，2003 など）。今回のアンケート調査においても，得られたデータを用いて健康と就労，および年金と就労の関係について実証的な分析を行っており，先行研究と同様の結果が得られることを確認している[2)]。

6 企業の退職管理と高齢者雇用

改正高年齢者雇用安定法の施行（2006年および2013年）によって，企業は労働者が希望すれば65歳までの雇用確保措置（定年の廃止，定年延長または継続雇用）を取らなければならなくなった。このことは企業の退職管理や高齢者雇用をどのように変えたのであろうか。

55歳当時に正社員として雇われていた人（587名）を対象に，定年制度の有無を尋ねたところ，「定年あり」が89.8％であった。定年年齢をみると，「60歳」が82.1％で，「65歳」が8.9％となっている。このことから定年制を廃止したり，定年年齢を引き上げたりした企業は限定的で，ほとんどの企業は60歳定年制のままであることがうかがえる。

また，定年後に継続雇用された人（132名）を対象として，何歳で退職したかを尋ねたところ，「65歳」25.0％，「63歳」15.2％，「60歳」と「64歳」はともに12.1％となっている。すなわち，60歳で定年を迎えた労働者のうち60歳でやめる者は1割程度で，大半は63～65歳まで継続雇用されており，4人に1人は65歳まで継続雇用されて働いている（図3-5）。このように，法改正による雇用確保措置の義務化にともない，ほとんどの企業は継続雇用という形で対応したということがわかる。定年の廃止や定年延長を選択する企業はまだ少数である。

企業が行う定年退職者への対策について，実際に会社が行ったと労働者が回答した割合は，「定年前と同じ勤務条件での継続勤務」（37.8％），「退職後の生活設計のため，講習や研修の機会・相談室の設置」（30.0％），「退職金・年金の充実」（22.2％）などで高くなっている。また，「独立開業のため何らかの援助」（13.9％）や「退職後，他の会社に移っても役に立つような知識・技能の習得（支援）」（13.3％）を行ったと回答した割合も比較的高い。一方，労働者の方が企業に対して望んでいるのは，「健康管理の気配り」（25.8％），「退職金・年金の充実」（24.7％），「独立開業のため何らかの援助」（15.6％），「スペシャリストとしての専門能力習得の支援」（13.3％）で割合が高い。健康維持や金銭面での退職後の生活支援の他，開業や能力開発の支援を期待していることがうかがえる。

2）この研究の成果は今後，より精緻な分析を行ったうえでの報告を予定している。

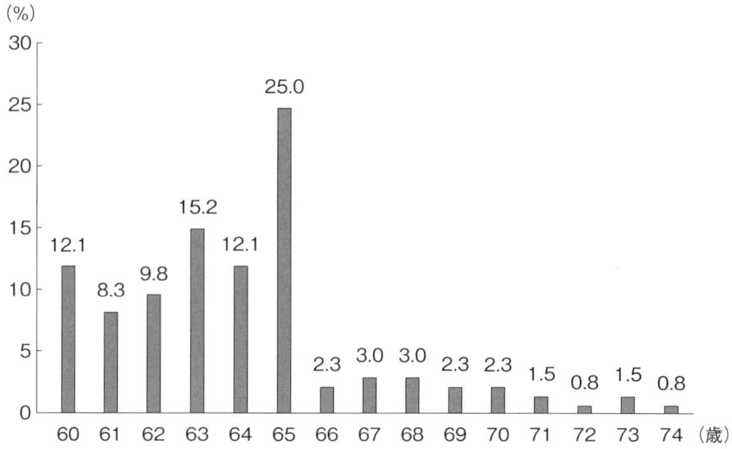

図 3-5　定年後継続雇用された後の退職年齢別労働者分布

7　おわりに

今回のアンケート調査によって，高齢期になってもかなりの人が就業しており，ボランティア等の社会貢献活動への意欲も非常に高いことが明らかになった。特に，60 歳台前半の就業率は高い水準を維持しており，高年齢者雇用安定法の政策効果を示す結果となっている。しかし，男女間で就業率の変化に大きな差が生じており，女性が継続雇用を選択していない実態がうかがえる。また，社会貢献活動への参加においても参加率が男性を下回っている。その背景には，家族の介護や家事への専念などが考えられるが，男女間の格差について検証する必要がある。

高齢期は健康や労働への意欲において個人差があり，また家族の介護や経済的状況も異なることから，就業形態や労働時間等においてニーズが多様化している。また，生きがいや社会参加のために，地域活動やボランティア活動等に積極的に取り組む高齢者も多く，本人の意欲・能力を十分発揮できるような環境を整備していく必要がある。

瀬戸内市でも，ハローワークやシルバー人材センター等を通じた就労支援，社会福祉協議会によるボランティアの斡旋等のさまざまな支援が行われている。

瀬戸内市内を管轄する西大寺ハローワークでは，高齢者スキルアップのための講座を複数用意し，シニア採用に前向きな企業とのマッチングを行っているが，求職者の増加に求人が追いついていない。また，シルバー人材センターでは地域の日常生活に密着した短期かつ軽易な就業機会を提供し，多様な就業機会確保のために重要な役割を果たしているが，さらなる充実が望まれる。

【謝　辞】

調査にご協力いただいた瀬戸内市役所，ならびに瀬戸内市民の皆様には心より感謝申し上げます。

【文　献】

大竹文雄・山鹿久木（2003）．「在職老齢年金制度と男性高齢者の労働供給」国立社会保障・人口問題研究所［編］『選択の時代の社会保障』東京大学出版会, pp.33–50.

菅　桂太・清家　篤（2003）．「厚生年金給付の基礎年金相当部分が労働供給に与える影響」国立社会保障・人講問題研究所［編］『選択の時代の社会保障』東京大学出版会, pp.33–50.

清家　篤・山田篤裕（2004）．『高齢者就業の経済学』日本経済新聞社

瀬戸内市（2015）．「瀬戸内市の人口推計平成 27 年～平成 47 年」

瀬戸内市・岡山商科大学（2019）．「高齢者のくらしと仕事に関する調査報告書」

内閣府（2018）．「未来投資会議（第 20 回）配布資料」

第4章
観光サインの多言語化における言語間影響
語の形態と表記について[1]

松浦芙佐子／黎 暁妮／徐 沆廷／全 円子／湯 文

訪日外国人観光客の増加を受け，観光サインの多言語化の必要性が高まるなか，多言語表記のわかりにくさも問題視されるようになった。本章では，言語教育学の理論を援用し，観光サインの多言語表記を日本語とも外国語とも異なる独自の言語体系をもつ中間言語の一種と解釈し，それが生起するメカニズムを日本語と英語・中国語・韓国語との言語間影響の観点から考察する。

ただし，言語教育学の視点では中間言語と肯定的に解釈される現象も，観光ビジネスにおいては誤用である。実際，事例分析を進める過程で，とくに民間の観光施設における誤用の多さを痛感した。これは翻訳を専門としない者の手で多言語化が行われたためであろう。わかりやすい多言語表記の実現には，翻訳の専門家によるチェックが欠かせない。しかし，専門家の助けが得られない場合にどのように対応すべきか。以下では，英語・中国語・韓国語の観光サインの誤用傾向を特定し，その知見を活かすことで多言語表記の誤りの減少を目指す。翻訳者が誤用傾向を意識することは，翻訳時の誤りを回避する方策となるはずである。

1）本章は2018年12月8日，韓国ソウルで開催された韓国文化産業学会（한국문화산업학회）での発表に加筆・修正したものである。

1 はじめに

商業ディスコースにおける外国語，とくに非英語圏での英語使用には，英語のもつ「現代化，世界的なエリート主義，自由主義といった社会的ステレオタイプ」を暗示する機能がある（ピラー，2014：142）。これは観光ビジネスにおいても同様である。商業施設や飲食店で目にする外国語表記には，情報伝達以上に，それぞれの言語が内包する「かっこよさ」「お洒落さ」「現代性」や「異国性」といった属性を表象する機能が顕著である。

しかし，昨今の訪日観光客の増加は，観光サイン[2)]の情報伝達機能を再確認させる契機となった。観光庁は2014年に「観光立国実現に向けた多言語対応の改善・強化のためのガイドライン」を策定し，観光サインの多言語化指針を示した。多言語化の基本は日本語と英語の二か国語で，地域特性や展示物の特性に応じて中国語，韓国語，その他の言語が付加されるというものである。つづいて，観光庁は「訪日外国人旅行者の国内における受入環境整備に関するアンケート」（2017）[3)]を実施し，訪日観光客が「施設等のスタッフと意思疎通できない」「多言語表示の少なさ，わかりにくさ」などコミュニケーションの問題に直面する現状を示した。「文化施設のための多言語対応ガイド」（東京都歴史文化財団，2017：15）は，この多言語表示のわかりにくさが間違った外国語，専

図 4-1　多言語観光サインのさまざまな誤用事例

2）観光サインの定義については松浦（2018：85-86）を参照のこと。
3）アンケートへの回答数は5,332件である。

門性を欠く言葉遣い，外国人の興味や知識の違いに対する配慮のなさなどに起因すると指摘する。

本章では，多言語観光サインの英語・中国語・韓国語表記にみられる誤用について，誤用傾向とそれが生じる要因を解明するとともに，誤りを回避する方策を模索する。分析対象とする多言語事例は2017年12月から2019年3月にかけて岡山県内外の観光地や観光関連施設で収集し，おおよそ英語7,700例，中国語2,260例，韓国語1,900例を数える。

2　言語間影響と中間言語

まず，誤用分析のため，言語教育学から中間言語の概念を援用する。中間言語とは言語学習の過程で生起する学習者特有の言語知識の体系をいう（Selinker, 1972：214）が，観光サインの多言語表記にも特有の言語体系を認めることが可能である。

中間言語には学習者の母語ならびに既知の言語や目標言語（学習する言語）が影響する。この「ある言語についての知識が他の言語の使用や知識に与える影響」（Jarvis & Pavlenko, 2007：1）を言語間影響という。多言語サインの表記にも日本語と英語・中国語・韓国語それぞれの言語間に生じた影響が認められる。以下では，具体的な事例分析をとおして，多言語サインの誤用を生み出す言語間影響の仕組みを解明する。

3　日本語と英語の言語間影響

観光ビジネスにおいて，多言語化の基本は英語である。英語の誤表記の多くに，英語と日本語の音の違いや英語の綴りとローマ字表記の違いなどの負の影響が見出される。

1）日本語と英語の音節構造

音節とは母音の周りに子音が結合した単位で，母音の後ろに子音が続く閉音節（closed syllable）と母音で終わる開音節（open syllable）がある。英語は閉音節言語で，日本語は開音節言語である。日本語の音節は伝統的に母音１音または子音１音＋母音１音からなり，現代日本語の音節の 90%[4)] が母音で終わる（窪薗, 1998：8–9；川越, 2014：55)。たとえば，英語の “salad” は子音で終わるが，日本語では「サラダ」（ローマ字表記では “salada”）と母音で終わる。この開音節の特徴を示す “salad*a*” の綴りが各地の英語メニューにみられる。その他の事例は以下の通りである（以下，誤りを斜字体で示し，括弧内に正用と採取地を示す)。

s*u*poon（spoon, 東京都：飲食店）/ f*u*ruit（fruit, 廿日市市：飲食店）/ Tak*u* Out（Take Out, 廿日市市：飲食店）

2）日本語と英語の母音と子音

日本語の母音は長短合わせて 10 だが，英語には方言によって異なるが単母音と二重母音を合わせて 16 から 22 の母音がある。また，子音の音素数は日本語では標準的に 17 から 18 であるが，アメリカ英語の多くの方言では 24 である（弓谷, 2011：6；新谷, 2014：2–4)。

外国語学習時に外国語の音に接した学習者は，母語の音声知識に基づき音の代用や音素の過小区別や過大区別などの音の再解釈を行う（弓谷, 2011：16–18)。音の代用とは，母語にはない学習言語の音を母語の別の音で代用することをいう。英語の母音は日本語の母音のいずれかに近いかたちで知覚される。たとえば，英語の母音/a/，/ɑ/，/æ/，/ʌ/，/ə/は，すべて日本語の「ア」で代用され（弓谷, 2011：16–17；新谷, 2014：6–7)，ローマ字では “a” と表記される。この音の再解釈が綴り間違いの原因となる。

c*a*rry（curry, 岡山市：飲食店；松江市：飲食店）/ M*a*shroom（mushroom, 京都市：飲食店）/ Safety Instr*a*ctions（instructions, 京都市：ホテル）/ BR*A*WN SUGAR（brown, 京都市：カフェ）/ DESS*A*RT（dessert, 岡山市：カフェ）/ En*a*gy and power（energy, 岡山市：カフェ）

4）子音で終わるのは撥音「ん」と促音「っ」である（窪薗, 1998)。

同様に，本来なら“a”と綴るところが，日本語の母音の「エ」や「オ」に再解釈されたため，綴りが“e”や“o”に置き換わった例もある。

pot*e*to（potato, 廿日市市：飲食店）/ or*e*nge（orange, 京都市：ホテル）/ gr*e*pefruit（grapefruit, 岡山市：空港）/ Let's go for a w*o*lk（walk, 岡山市：パンフレット）/ M*o*lts beer（malt, 京都市：飲食店）/ s*o*use or salt（sauce, 広島市：飲食店）/ Str*o*wberry（strawberry, 京都市：甘味処）

いっぽう，/ʌ/は“u”の綴りに対応するという知識が過剰に適用され，“a”の綴りを誤って“u”とした例もある：the st*u*ff（staff, 岡山市：飲食店）/ BAKED JAPANESE Y*U*M（yam, 岡山市：飲食店）/ “Do Not Disturb” l*u*mp（lamp, 東京都：ホテル）。

子音では，一般に日本語話者に区別が困難といわれる/l/と/r/，/b/と/v/の音の影響で“l”と“r”ならびに“b”と“v”の綴りに混乱が生じている。

Coffee je*rr*y（jelly, 岡山市：カフェ）/ fo*r*k story（folk, 岡山市：駅売店）/ *r*emon（lemon, 倉敷市：飲食店）/ *r*eave it（leave, 京都市：ホテル）/ f*l*esh juice（fresh, 京都市：ホテル）/ DAI*L*Y PRODUCT（dairy, 岡山市：スーパー）/ F*l*ied Shrimps（fried, 姫路市：飲食店）/ p*l*essed sushi（pressed, 京都市：飲食店）/ reser*b*ation（reservation, 京都市：ホテル）/ *B*IKING（Viking, 松江市：飲食店）

この混乱はさまざまな単語に出現し，英語に存在しない語や文脈に合わない意味変化を生じさせている。

3）英語の綴りの多様性

綴り間違いの要因が日本語ではなく英語にある場合もある。日本語では音と仮名の関係は固定されているが，英語の綴りと音の関係に一貫性はない（ホロビン, 2017：25）。そのため，“entrance”を“entran*s*e”（津山市：博物館），“original”を“ori*j*inal”（京都市：寺院）と綴るなどの誤りが生じる。

とくに頻出するのは単子音と二重子音の取り違えである。ローマ字表記で二重子音は促音「っ」を示すが，“br*r*eakfast”（breakfast, 廿日市市：飲食店）は「ブレック」の促音の反映であろうか。

de*s*ert（dessert, 岡山市：カフェ）/ Café La*t*e（latte, 岡山市：カフェ）/ take o*f* your shoes（off, 岡山市：美術館）/ wa*f*le（waffle, 京都市：カフェ）/ Le*mm*on Squash（lemon, 津山市：カフェ）/ clo*ss*ed（closed, 岡山市：パンフレット）

一貫性のない音と綴りの関係が語のレベルに及ぶと同音異義語の取り違えとなる。

soy*meet*（meat, 美咲町：カフェ）/ crab *meet*（meat, 京都市：カフェ）/ Scone〈Tomato & Rosemary / *plane*〉（plain, 岡山市：カフェ）/ Green *peace*（peas, 岡山市：カフェ）/ Bagna cauda *source*（sauce, 広島市：ホテル）

4）和製英語

和製英語も観光サインのわかりにくさの一因である。和製英語には既存の英単語，またはその組み合わせからなるものと，英語表現が短縮・省略されたものがある。前者には「マナーモード」“*manner* mode”（silent/vibrate mode, 岡山市：図書館），「バイキング」“*BIKING*”（Vikingの間違い buffet, 松江市：飲食店），「ノートパソコン」“*notebook* computer”（laptop computer, 東京都：ホテル），「モーニング」“*MORNING*”（breakfast, 岡山市：カフェ），「ホットケーキ」“*hot cake*”（pancake, 倉敷市：カフェ）などがある。後者の短縮・省略の例は以下の通りである。

Hot *Sand*（sandwich, 倉敷市：カフェ）/ Croissant *Sand*（sandwich, 広島市：飲食店）/ Vanilla *Ice*（ice cream, 立川市：飲食店）/ *Choco* & Banana（chocolate/choc, 岡山市：カフェ）/ *Demi* pork cutlet bowl

(demi-glace sauce, 岡山市：空港)

これらの事例で“sand”「砂」，“ice”「氷」は明らかに意図された意味ではない。また，「チョコ」はチョコレートの略だが，“choco”にその意味はない。

4　日本語と中国語の言語間影響

日本語と中国語は漢字を共有しているが，必ずしも同じ意味で使われるわけではないため，観光サインの誤表記の原因となる。また，日本語特有の和語やカタカナ表記などの翻訳にも注意が必要である。

1）同字異義語

日中同字異義語とは，日本語と中国語で漢字は同じだが，意味が異なる語をいう。たとえば，“手纸”は中国語では「手紙」ではなくトイレットペーパーを意味する。この同字異義語が中国語表記の誤りを招くことがある。たとえば，「餅ラーメン」“方便面饼”（東京都：飲食店）の“饼”である。中国の“饼”は日本の「餅」とは異なり，北京ダックの皮のような「小麦粉をこねて円盤状に伸ばし，焼くかまたは蒸した麺食の総称」（『中日辞典』）をいう。そのため，日本人と中国人がそれぞれ「餅ラーメン」“方便面饼”という名称をみて思い浮かべるのは別の食べ物である。また，“蕨饼”（京都市：小売店）も月餅のような食べ物を想像させるはずである。このほか，日本語の「湯」と中国語の“汤”の関係にも注意が必要である。中国語の“汤”は一般に「スープ」を意味する。温泉で「女湯」を“女汤”（神戸市）と表記すると，「女性専用の湯」ではなく「女のスープ」という不可解な意味になる。

2）和語の漢字表記

漢字で表記されていても和語は日本特有のことばである。そのため，和語の漢字をそのまま中国語の漢字に置き換えても翻訳したことにならない。たとえば，寺社の「手水」をそのまま“手水”（岡山市：神社）と中国語の漢字で表記しても意味は伝わらない。“洗手水”とすべきである。同様に，ご飯「大盛り」

を“*大盛*”（東京都：飲食店）としても中国語ではない。“大份・大碗”が正しい。また，観光地に欠かせない「土産」も，“*土产*”（倉敷市：土産物店）とすると辞書的には間違いではないが，最近では用いない古めかしい表現である。“特产”や“土特产”が適当である。

3）カタカナ表記の外来語の音訳

日本語のカタカナ表記も誤訳の原因となる。中国語にはカタカナのように外来語を元の発音に近い音で表記する記号がないため，すべて漢字で表記する。“巧克力”「チョコレート」のような音訳もないわけではないが，“电脑”「コンピューター」のような意訳が好まれる。中国語の観光サインでも，日本語のカタカナ語を音訳しただけでは中国語として意味が成立しないことも多い[5)]。たとえば，「メインエントランス」を“*缅因*入口”（那覇市：観光案内所）とした例がある。しかし，当て字を使って音訳された“缅因”はこの文脈には合わない。むしろ意訳の“主要入口”が適当である。同様に，料理名の「ピラフ」を“*皮拉夫*”（福岡市：ホテル）と音訳しても意味は通じない。意訳の“炒饭”のほうが中国語話者には伝わりやすい[6)]。

4）多義語の翻訳

多義語とは，複数の意味をもつ語をいう。たとえば「フロア」は「床」と「階」を意味するが，それぞれの意味は状況に応じて使い分けられる。しかし，この使い分けがうまくいっていないこともある。「フロアガイド」を“*地板*向导”（岡山市：百貨店）と訳すと，「階」であるべきところが「床」となり，意味不明な案内となる。同様に，「ギャラリー」にも「画廊」と「回廊・長廊下」の意味があるが，「見学ギャラリー」では「回廊」の意味が適当である。しかし，

5）熊本県が「くまモン」の中国語圏での正式名称を，音訳の“酷 MA 萌”（くまモン）から意訳の“熊本熊”（ションベンション）に変更したのも，同様の理由からである（日テレ NEWS24「「くまモン」中国名“ションベンション”に」（2019年3月19日）〈http://www.news24.jp/articles/2019/03/19/10422662.html（最終確認日：2019年3月28日）〉）。

6）中国では“缅因”はアメリカのメイン州，“皮拉夫”はアニメのキャラクターの名前として認識されるであろう。

実際には「画廊」の意味で“参观*画廊*”（東京都：卸売市場）とした誤訳がある。多義語の翻訳では状況に合った意味の選択が肝心である。

5　日本語と韓国語の言語間影響

韓国語の観光サインは英語と中国語に比べると数の上では少ないが，韓国語と日本語の音の違いや，ハングル表記の規則の違いなど，言語間影響による誤表記がみられる。

1）韓国語の音とハングル表記

韓国語の音素数は，基本母音だけで 10，単母音と二重母音を合わせると総数 21 になり，子音は 19 を数える。日本語は韓国語より音素数が少ないため，英語の場合と同様に，日本語母語話者は韓国語の音を日本語の音で再解釈して発音する。たとえば，韓国語の母音では，「ㅓ［ʌ］」と「ㅗ［o］」は日本語の「オ」に，「ㅐ［ɛ］」と「ㅔ［e］」は「エ」に，「ㅜ［u］」と「ㅡ［ɯ］」は「ウ」に再解釈される。これが影響したハングルの誤表記に，「ゴミ」の意の「쓰레기」を誤って「쓰*래*기」（京都市：路上）とした例がある。

つぎに子音を比較すると，日本語の子音は声（voice）の有無で無声音と有声音に分けられる（権, 2011：93）。一方，韓国語の子音は気息（aspiration）の有無で無気音と有気音に区別される。韓国語の子音の一部には平音・濃音・激音の区別があるが，このなかで平音と濃音が無気音で，激音が有気音になる。たとえば，平音の「달 dal（月）」と濃音の「딸 t'al（娘）」と激音の「탈 tal（仮面）」の違いはハングル表記では明白だが，これらを日本語話者が音声で区別するのは非常に困難である。さらに，日本語には濃音にあたる表記がないため，日本語話者は激音と濃音の表記を混乱させることが多い。実際の観光サインでも，濃音で「ㄲ」と表記すべきところに激音の「ㅋ」が使用された事例がある：새*키*줄（「縄」새끼줄, 松江市：史跡）/손님*케*（「客」손님께, 岡山市：史跡）/*커*내실때（「取り出す時」꺼내실때, 岡山市：史跡）。

また，韓国語の末子音「ㄴ［n］」「ㅁ［m］」「ㅇ［ŋ］」は日本語ではすべて撥音「ン」に再解釈され，「산 san（山）」「삼 sam（三）」「상 sang（賞）」は日本

語ではすべて「サン」と表記される。日本語話者がこれらの音を区別するのは難しい[7)]。以下でも「ㅁ」と表記するところが誤って「ㅇ」になっている：작풍（「作品」작품，東京都：博物館）/ *낭성*（「男性」남성，東京都：博物館）。

2）英語からの翻訳

観光サインの韓国語には，日本語からではなく英語から翻訳されたと思われる事例をよくみかける。たとえば，「普門院」は“Fumon-*in Temple*”のように「寺」の意味が“in”と“Temple”で二重に英訳されているが，韓国語でも「후몬*인 절*」（松江市：路上）のように「寺」が二重に訳されている。しかし，韓国語話者には「후몬인」だけで寺院であることは明らかである。同様の事例に「東本願寺（the *Temple* Higashi Hongan*ji*）」の「히가시혼간*지 절*」（東京都：寺院）や「唯心山（Yuishin*zan Hill*）」の「유이신*잔 산*」（岡山市：史跡）がある。それぞれ「절」，「산」の重複は不要である。

日本と韓国の文化には共通点も多い。そのため，英訳では必要となる説明的翻訳も，韓国語では不要である。

3）分かち書き

日本語では漢字表記や読点で意味の区切りが示されるが，表音文字のハングルでは「分かち書き（띄어쓰기）」によって文節を区切ることで示す。名詞の後に続く助詞や用言語尾は一つの文節に含めるが，それ以外は一マス空けて分かち書きにする。たとえば，日本語の「大声」は韓国語では「大きい」「声」と二語に認識されるので「큰 소리로」のように分かち書きにする。これを「*큰소리로*」（京都市：ホテル）と続けて表記すると「大言，大口」の意味になる。また，「靴袋（신발가방 전용）」を「*신발 가방* 전용」（岡山市：史跡）のように「靴」と「袋」を分かち書きにすると「靴を入れる袋」から「靴・カバン専用」に変わる。この他，「後楽園チケットを提示（고라쿠엔 티켓을 제시）」を，「後」と「楽園」の間を一マス空け「*고 라쿠엔* 티켓을 제시」（岡山市：史跡）とすると

7）日本語でも実際の発音では［n］［m］［ŋ］の異音がある。それぞれ「サンタ」「さんぽ」「しんごう」の「ン」がそれにあたる（新谷，2014：7-10）。

「後で楽園チケットを提示」の意味に変化する。

6 まとめ

わかりやすい観光サイン実現のために多言語化において注意すべきことは何か。ここまで日本語と英語・中国語・韓国語との言語間影響の観点から実際の多言語表記を分析し，語の形態と表記に顕著な誤用傾向を特定した。誤用が生じる仕組みを認識することは，人が翻訳する場合でも，機械翻訳による翻訳を訂正する場合でも，翻訳の精度を高め，多言語表記の質を向上させる一助となると信じる。多言語表記の事例収集にあたっては，多くの観光地や観光関連施設にご協力いただいた。この場を借りて心より御礼申し上げる。いくつかの施設では誤表記をその場で訂正させていただいたが，今後も望ましい多言語表記の実現に向けて研究と活動をつづけていきたい。

【謝　辞】

本章で紹介した調査・研究は，文部科学省・平成29年度私立大学研究ブランディング事業，岡山商科大学「『寄り添い型研究』による地域価値の向上」の一部門「岡山市におけるコミュニケーション支援及び言葉のバリアフリー化」の一環として実施した。

【文　献】

川越いつえ（2014）.「音節とモーラ」菅原真理子［編］『音韻論』朝倉書店, pp.30–57.

金　亨哲・鍵本有理（2001）.「韓国の日本語学習者に見られる誤用例の分析」『奈良工業高等専門学校研究紀要』*37*, 137–146.

許　恵玉（2011）.「日本語と中国語の同形語の意味・用法の差異について――漢字熟語の使用に関する調査結果の分析」『山口国文』*34*, 108–120.

窪薗晴夫（1998）.「音韻構造の普遍性と個別性」窪薗晴夫・太田　聡『音韻構造とアクセント』研究社出版, pp.2–108.

権　英秀（2011）.「日本人韓国語学習者における韓国語子音の発音に関する考察――破裂音の教育を中心に」『言語の普遍性と個別性』*2*, 91–102.

国土交通省観光庁（2014）.「観光立国実現に向けた多言語対応の改善・強化のためのガイドライン」〈http://www.mlit.go.jp/common/001029742.pdf（最終確認日：2020年2月24日）〉

国土交通省観光庁（2017）.「訪日外国人旅行者の国内における受入環境整備に関するアンケート」〈http://www.mlit.go.jp/common/001171594.pdf（最終確認日：2019 年 3 月 3 日）〉
新谷敬人（2014）.「音の体系と分類」菅原真理子［編］『音韻論』朝倉書店, pp.1–29.
東京都歴史文化財団（2017）.「文化施設のための多言語対応ガイド」〈https://www.rekibun.or.jp/wp-content/uploads/2017/12/multilingual_efforts2017.pdf（最終確認日：2019 年 1 月 30 日）〉
北京商務印書館・小学館［共編］（2003）.『中日辞典』第二版
ピラー, I.／高橋君江・渡辺幸倫ほか［訳］（2014）.『異文化コミュニケーションを問いなおす――ディスコース分析・社会言語学的視点からの考察』創元社
ホロビン, S.／堀田隆一［訳］（2017）.『スペリングの英語史』早川書房
松浦芙佐子（2018）.「犬島における言語景観」『岡山商大論叢』*54*(1), 79–102.
弓谷行宏（2011）.「音声習得とは何か」冨田かおる・小栗裕子・河内千栄子［編］『英語教育学体系第 9 巻　リスニングとスピーキングの理論と実践――効果的な授業を目指して』大修館書店, pp.3–17.
Jarvis, S., & Pavlenko, A. (2007). *Crosslinguistic Influence in Language and Cognition*. New York: Routledge.
Selinker, L. (1972). Interlanguage. *International Review of Applied Linguistics in Language Teaching*, *10*(3), 209–231.

第Ⅱ部
「経済」から考える持続可能な暮らし

第 5 章
地域ブランド戦略に関する理論的検討

横澤幸宏

近年，実践的にも学術的にも地域ブランドへの関心が高まってきた。日本国内では，地域活性化の手段として地域ブランド構築の取組みが行われてきた。また，多様な学術分野においても地域ブランド研究が行われるようになってきた。しかしながら，実践的にも学術的にも「地域ブランド」のマネジメントには課題が多い。地域ブランドには，企業，行政組織，住民などの多様な主体が関与している。こうした多様な主体を包括的に捉えるための分析枠組みが必要である。そこで，まず地域ブランドに関する先行研究を整理し，地域ブランドの理論的課題を検討する。そのうえで，エコシステムという視点を導入して，地域ブランドをめぐる主体の多様性や主体間の間接的な相互作用を取り込むための分析枠組みを提示する。本章は，実践的なインプリケーションを得ることを強く意識して，地域ブランドを分析するためのアプローチについて論じる。

1 はじめに

2000年代以降，多様な学術分野において地域ブランド研究が行われてきた。経営学の分野では，2004年頃から，主にマーケティングにおけるブランド論が地域ブランド研究に応用された（青木, 2004；久保田, 2004）。その後，地域ブランド研究は，大学紀要，マーケティング分野の学会誌（阿久津・天野, 2007；竹田・竹内, 2010；菅野, 2011；若林, 2014；高橋 2015；長尾ほか, 2018），著書（電通 abic project, 2009；田村, 2011）などで発表され，地域ブランドの概念整理，個別事例の分析や成功事例の取組みが記述されてきた。

しかし，地域ブランドをめぐっては，実践的にも学術的にも地域ブランドの捉え方で混乱が生じた（小林, 2016；電通 abic project, 2018）。地域ブランドとは何かという定義が難しく，また地域ブランド研究は多様な分野からアプローチされているため，地域ブランドの概念や研究アプローチが明確になっておらず，そのことが地域ブランドに関する取組みや研究蓄積の障害になっている。そこで，本章では，主に経営学の分野における地域ブランドの先行研究を整理し，エコシステムという視点から地域ブランド戦略の分析枠組みを提示する。

2 地域ブランドとは

地域ブランド研究は，多様な学術分野からアプローチされている学際的な研究分野である。マーケティングにおけるブランド論からのアプローチでは，地域ブランドのブランド付与対象は，特産品や観光資源のような地域産品と地域そのものとしての地域空間である（青木, 2004；久保田, 2004）。

当初，地域ブランドは，図5-1のように，「一般企業における企業ブランドと同じく，個々の地域資源ブランドを束ね導いていく存在」であり，「それぞれの地域資源ブランドと地域ブランドとが，互いに互いを強め合うような関係になることが強く求められる」と捉えられた（青木, 2004：15）。つまり，地域空間と地域産品は相互補完的に存在し，両者の関係はブランド論における企業と製品の関係に類似していると主張されたのである。

日本における地域ブランド研究は，地域産品の魅力を高めることで，地域活

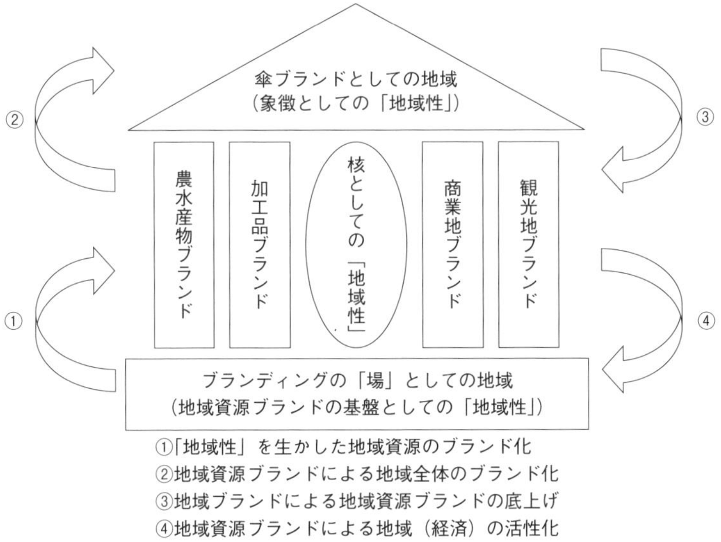

図 5-1　地域ブランド構築の基本構図（出典：青木（2004：16））

性化を図ることに関心があった（小林, 2016）。そのため，欧米を中心とする海外の地域ブランド研究が地域空間を分析対象としているのに対して，日本の地域ブランド研究は，主に地域産品を分析対象として展開されてきた。

一方で，日本において地域空間を分析対象とする研究では，地域産品のブランド化を目的とするのではなく，地域そのものの魅力を高めることで，地域活性化を図ることに関心がある（久保田, 2004；電通 abic project, 2009）[1)]。

たとえば，電通 abic project（2009：4）では，地域ブランドを「その地域が独自にもつ歴史や文化，自然，産業，生活，人のコミュニティといった地域資産を，体験の「場」を通じて，精神的な価値へと結びつけることで，「買いたい」「訪れたい」「交流したい」「住みたい」を誘発するまち」と定義している。そして，図 5-2 のように，地域ブランド資産を地域ブランド価値に結びつけ，地域ブランドの魅力を高めていく分析枠組みを提示している。

1）日本国内の地域ブランド研究が都道府県や市町村という地域空間を主な対象としているのに対して，欧米を中心とする海外の地域ブランド研究は国家や都市という地域空間を対象としている（阿久津・天野, 2007）。

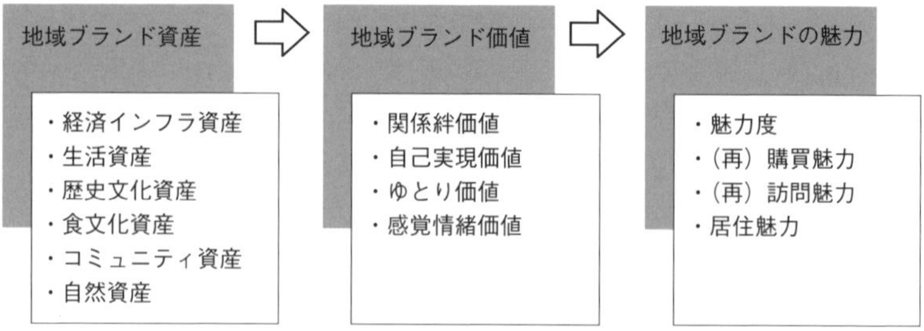

図 5-2　地域ブランド資産－価値評価モデル
（出典：電通 abic project（2009：54）より一部修正）

3　地域ブランド研究の展開と課題

地域ブランド研究には，地域産品を対象とする研究と地域空間を対象とする研究が存在する。地域産品と地域空間は相互補完的に存在しているため，地域ブランドをより詳細に分析するためには両者を包括した分析枠組みが必要である。また，地域ブランドには，企業・製品ブランドとは異なり，地域固有の特殊性が存在する。

小林（2016：7）では，地域ブランドは，地域空間を指す場合と地域産品を指す場合があり，この両方を包含する定義は存在しないとして，新たに地域ブランドを「特定の地域空間や地域産品を他の地域のそれと異なるものとして識別するための名称や言葉，デザイン，シンボルまたはその特徴」と定義した。また，地域ブランドにおけるブランド化を「地域ブランディング」と表現し，「地域空間や地域産品の価値を高めるためにブランドを活用すること」と定義した（同書：8）。そして，図 5-3 のように，企業と製品の関係を地域空間と地域産品の関係に類比させ，地域ブランディングの政策モデルを提示している。

しかし，地域ブランドには企業・製品ブランドとは異なる特殊性がある。とくに，地域ブランドには多様な主体が関わっている。表 5-1 のように，地域ブランドには複数の実施主体が存在しており，必ずしも共通の目的をもっているとは限らない（阿久津・天野, 2007）。また，地域の主体は変動的であり，よそ者と呼ばれる外部人材が主体となることもある（電通 abic project, 2009；長尾ほか, 2018）。こうした地域の主体には，地域ブランドの構築や育成を主要な業

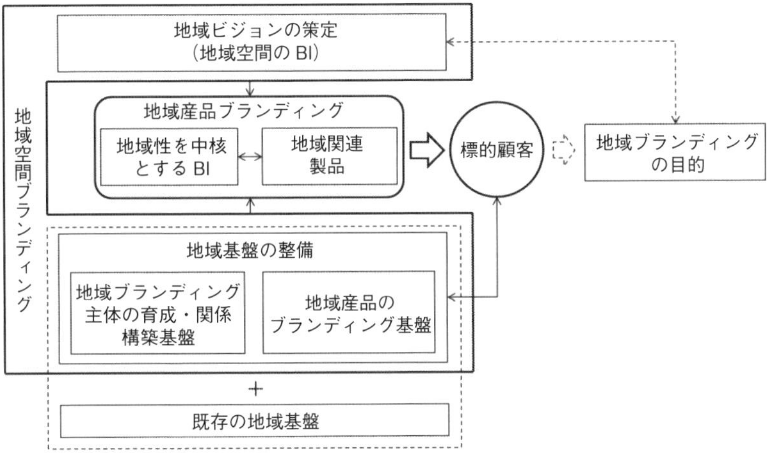

注：B1＝ブランド・アイデンティティの略。

図 5-3　地域ブランディングの政策モデル（出典：小林（2016：94））

表 5-1　一般の製品とブランド化の対象としての地域の特徴の比較
（出典：阿久津・天野（2007：14））

	一般製品	地域			
実施主体	企業組織	地方自治体（都道府県・市町村） 住民・生産者・法人（大学・財団等含む）・民間団体			
最終目的	企業利益の増大	地域の経済的活性化 地域への満足感の向上			
コミュニケーション対象	顧客（消費者・企業）	産品	観光	住みやすさ	投資受け入れ
		顧客（消費者・企業）	旅行者	住民・潜在住民	企業・投資家
	従業員	生産者…	住民・旅館…	工事業者…	銀行…
		自治体職員			
	株主	納税者			

務とする中核メンバーのほか，当該地域に地域ブランドに関する製品やサービスを提供する主要メンバー，地域ブランドとは直接的に関係ない地域内の組織や住民などの周辺メンバーなどが共存している（久保田, 2004）。

また，地域ブランドにおける「地域」の範囲が明確ではなく，絶対的な基準があるわけでもない（久保田, 2004）。そのため，地域には多義性があり，主体が地域とどのように関わるのかによって，その地域に求めるものも変わってくる（小林, 2016）。電通 abic project（2018）では，人文主義地理学のプレイス論の視点を取り入れて，行政区分のように範囲が固定的な空間としての「地域」ではなく，多様な主体が意味づけることで浮かび上がる「場所」として地域空間を捉え直している。

さらに，多様な主体が地域ブランドの担い手になっていくものの，誰が推進していくのかが必ずしも決まっているわけではないため，組織的な地域ブランドのマネジメントが難しい（小林, 2016）。それゆえ，地域ブランドは，企業・製品ブランドと同様のマネジメント対象として捉えることが難しい。そこで，従来のマネジメントという「管理する」考え方よりも，ディレクションという「方向づける」考え方が適しているという主張もある（電通 abic project, 2018）。

以上のように，地域ブランド研究では，企業・製品ブランドのマネジメントにおける主体よりも，多様な主体を包括的に捉える必要がある。そこで，本章では，エコシステムの概念を地域ブランドの分析枠組みに援用していく。

4 エコシステムとは

生態学におけるエコシステム（ecosystem）の概念は，生物と環境から構成されるシステムとして，Tansley（1935）によって提唱された。エコシステムは，多様な生物と環境とが結びついて相互作用を行い，物質やエネルギーの循環プロセスを基本として機能している（Lotka, 1925；Lindeman, 1942；Odum, 1953）。生態系生態学では，生物の増殖や死亡のダイナミズム，生物間の相互作用などがつくりだす自律的なシステムに注目し，とくに，物質やエネルギーの循環プロセスに焦点を当てている（巌佐ほか, 2003）。

こうしたエコシステムには多様な生物が共存している。生物間の相互作用には，少数の強力な捕食者を頂点とする食物連鎖による捕食－被食関係がある（Elton, 1927）。なかでも，エコシステムには，食物連鎖の頂点に位置する捕食者に限らず，被食者・共生者・寄生者など，ほかの生物の生存にとって大きな影響力を及ぼすキーストーン種が存在する（Paine, 1969；Menge et al., 1994）。

また，生物間の相互作用は直接的なものに限らず，ある生物の行動が多種間

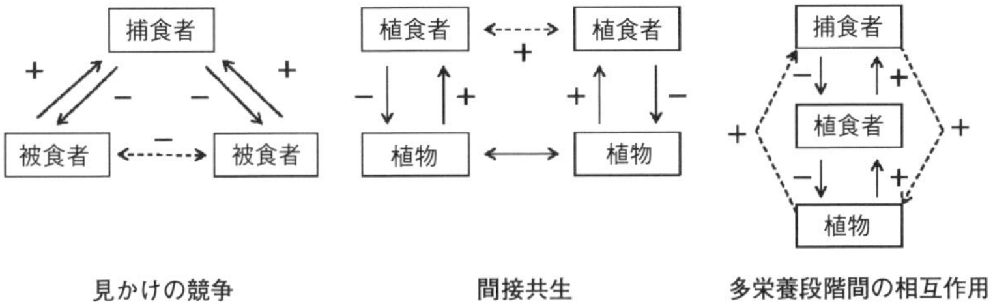

図 5-4　間接効果（出典：巌佐ほか（2003：96））

の相互作用のネットワークをつうじて全体に影響を及ぼす間接効果も観察される（巌佐ほか, 2003）。図 5-4 のように，間接効果には，捕食者が一方の被食者を捕食して捕食者数が増加し，他方の被食者に対する捕食圧力を間接的に増加させ，直接的に競争関係にない被食者間に負の関係が生じる「見かけの競争」，植食者の利用によって一方の植物が減少すると，その植物と競争関係にある他方の植物数が増加し，他方の植食者が増加した植物を利用することで，植食者の間に正の関係が生じる「間接共生」，ある生物が二つ以上離れた栄養段階の生物に影響を与える「多栄養段階間の相互作用」などがある。

このような生態学におけるエコシステムの概念は，近年，経営学の分野でも取り入れられ，ビジネス・エコシステム研究が展開されている[2]。ビジネス・エコシステム研究では，業界の境界が不明確になり，複数の業界を超えて多種多様な企業や組織がビジネスに関与している状況を分析している（Moore, 1993）。

ビジネス・エコシステムの明確な定義が確立しているわけではないものの，ビジネス・エコシステムは，「あるビジネスに関係するさまざま主体群集（業界，企業）とそれを取り巻く環境（技術，市場，制度）からなる緩やかな体系」（武石・李, 2005：75）や「新しい価値創造の構想の実現に対して，人工物の開発・

2）また，経営学の分野でエコシステムの概念を取り入れている研究として，イノベーション・エコシステム研究がある。そこでは，国やシリコンバレーのような特定の地域において，多種多様な主体や制度などが一つのシステムとして機能し，イノベーション創出や生産性向上に寄与する要因やプロセスを分析している（Bahrami & Evans, 1995；西澤ほか, 2010）。

生産などによって貢献するエージェントの集合体」（椙山・高尾, 2011：9）などのように定義されている。

ビジネス・エコシステムでは，図5-5のように，焦点企業を中心として，サプライヤー，補完企業，顧客などの主体が競争と協調関係のなかで緩やかにつながりながらお互い共存している。そこでは，ある主体の競争行動や協調行動が間接的にビジネス・エコシステム全体に波及してしまう。とくに，ビジネス・エコシステムのマネジメントにとっては，プラットフォームの中核企業であるプラットフォーム・リーダーやエコシステム全体に強い影響力を及ぼすキーストーン企業の役割が重要とされる（Gawer & Cusumano, 2002；Iansiti & Levien, 2004）。

以上のように，生態学および経営学におけるエコシステムでは，主体と環境が多様性を維持しながら一つのシステムとして機能しており，多様な主体の行動がエコシステム全体に間接的に波及していくという特徴がある。そこで，主体の多様性と主体間の間接的な相互作用に注目して，地域ブランドの分析枠組みについて検討していく。

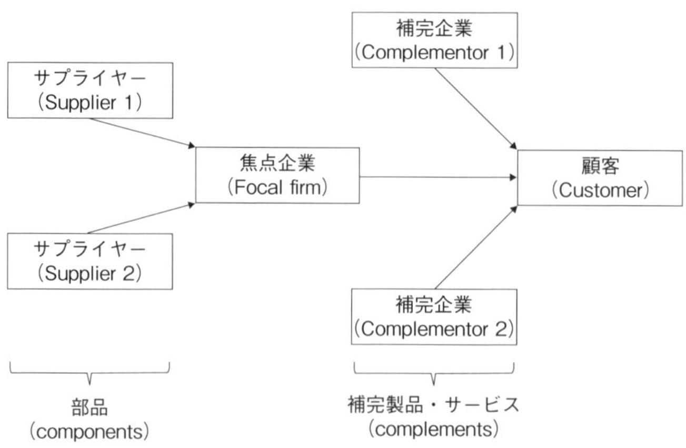

図5-5　ビジネス・エコシステムの一般的枠組み（出典：Adner & Kapoor（2010：309））

5 エコシステム・アプローチ

地域ブランド研究では，多様な主体を包括的に捉える分析枠組みが必要である。まず，小林（2016）と同様に，地域ブランドを地域産品と地域空間を包含するものとして捉え，両者の価値を高めるためにブランドを活用することを地域ブランディングとして捉える。そのうえで，特定の主体が戦略的意図をもって地域ブランドを構築していくという観点から，地域ブランディングではなく，「地域ブランド戦略」という用語を使用する[3)]。

つぎにエコシステムを「地域ブランドに関係する多様な主体と環境とが共通の目的をもたずに相互作用をつうじて共存している体系」と定義する。地域ブランドをめぐる主体の多様性だけでなく，ビジネス・エコシステム研究のように主体や境界の変動を分析に取り入れるため，エコシステムの概念を援用する。ただし，単純に分析レベルを拡張して包括的な視点を提示するのではなく，ミクロ的な視点である主体の多様性に基礎を置きながら，マクロ的な視点であるエコシステムの構造を想定する。

たとえば，多様な主体には，先行研究で指摘されているように，地域ブランドの主体になりうる地方自治体，住民，生産者，法人，民間団体など（阿久津・天野, 2007）が含まれ，また，主体のタイプは地域ブランドを担う中核メンバーのほか，主要メンバー，周辺メンバーなどのようにそれぞれの役割をもとに類型化できる（久保田, 2004）。そして，生態系生態学が物質やエネルギーの循環プロセスに注目するのに類比させ，地域ブランド構築をめぐる主体の行為の連鎖プロセスからエコシステムという構造を見出していく。

エコシステムでは，多様な主体が共通の目的をもたずに共存している。そのため，ある主体にとっての目的達成のための行為がほかの主体の目的達成につながるとは限らない。地域ブランド構築のためのある主体の行為が，ほかの主体の目的達成にとっての新たな課題を生み出してしまう可能性がある。地域ブランドに関係する主体に課題が発生すると，その課題を解消しようとする行為

3）小林（2016）では，地域ブランディングを「地域ブランド政策」や「地域ブランド戦略」と同じ意味をもつ用語として捉えている。

がまたほかの主体の新たな課題を発生させるというダイナミズムが埋め込まれているのである。

また，エコシステムでは，多様な主体が緩やかにつながって共存していることから，間接的な影響がエコシステム全体に波及することになる。多様な主体間の相互作用によって，新たな課題が直接的に生じるだけでなく，その影響がほかの主体を介して間接的にさまざまなところで新たな課題を生み出すことにもなる。そのため，エコシステムでは，直接的な相互作用だけでなく，間接的な相互作用にも注目することが重要になる。

したがって，地域ブランドをめぐる主体の動向を単一的な視点から捉えるのではなく，複眼的な視点から捉えることで，地域ブランド構築プロセスにおけるダイナミズムを詳細に分析できるのではないかと考えられる。

しかし，主体の多様性や主体間の相互作用を見出すだけでは，地域ブランドにおける実践的なインプリケーションが導かれるとは限らない。とくに，そうした主体間の相互作用を単純な構図に当てはめるのではなく，また，超越的な立場から分析するのでもない。方法論的な立場では，認識論的には相対主義に近い立場をとりながらも存在論的には実在主義に近い立場をとり[4)]，詳細な経験的研究にもとづいて地域ブランドの構築プロセスを明らかにしていくのである。

6　おわりに

本章は，地域ブランドを分析するための一つのアプローチを提示する試論である。とくに，主体の多様性と主体間の間接的な相互作用に注目して，地域ブランドを捉えるための分析枠組みを提示した。

エコシステム・アプローチは，多様な主体の相互作用から地域ブランドの構築プロセスを分析し，それを実践に活用することを強く意識している。そのためには，地域ブランドについて考えるうえで，地域とは何か，どのような主体

4）こうした方法論的立場は，技術現象の形成プロセスの分析手法である「技術の社会的形成（the social shaping of technology）」と同様であり（Williams & Edge, 1996；MacKenzie & Wajcman, 1999；原, 2007），近年ではその分析対象を技術現象から社会現象にも広げる「MAIS アプローチ」が提唱されている（原, 2018）。

が関与しているのか，どのような相互作用が行われているのか，ということを理解する必要がある。

しかし，エコシステム・アプローチにはまだ多くの課題が残されている。エコシステムの概念規定にはまだ改善の余地が大きい。また，地域ブランド研究に関連すると考えられる「CSV（Creating Shared Value）」や「価値共創」などの概念について検討することができなかった。さらに，地域ブランド研究に，生態学および経営学におけるエコシステムの概念を取り入れたものの，方法論の検討を十分に行うことができなかった。これらの課題は，経験的研究を通じて理論的・実践的な改善を試みていく必要がある。

【文　献】

青木幸弘（2004）．「地域ブランド構築の視点と枠組み」『商工ジャーナル』*30*(8), 14–17.
阿久津聡・天野美穂子（2007）．「地域ブランドとそのマネジメント課題」『マーケティングジャーナル』*27*(1), 4–19.
巌佐　庸・松本忠夫・菊沢喜八郎［編］（2003）．『生態学事典』共立出版
菅野佐織（2011）．「祭りによる地域ブランド価値共創のフレームワーク――交流する地域ブランドを目指して」『マーケティングジャーナル』*30*(4), 15–29.
久保田進彦（2004）．「地域ブランドのマネジメント」『流通情報』*418*, 4–18.
小林　哲（2016）．『地域ブランディングの論理――食文化資源を活用した地域多様性の創出』有斐閣
椙山泰生・高尾義明（2011）．「エコシステムの境界とそのダイナミズム」『組織科学』*45*(1), 4–16.
高橋広行（2015）．「神戸産農水産物の 6 次産業化を通じた地域ブランド化――消費者へのアンケート調査をふまえたマーケティング戦略の検討」『マーケティングジャーナル』*35*(1), 66–87.
武石　彰・李　京柱（2005）．「日本と韓国のモバイル音楽ビジネス――その発展の過程とメカニズム」『一橋ビジネスレビュー』*53*(3), 70–87.
竹田淳子・竹内淑恵（2010）．「知名度が低い地域でもブランド化は可能か――地域ブランドにおけるサービス財の重要性」『マーケティングジャーナル』*30*(2), 45–61.
田村正紀（2011）．『ブランドの誕生――地域ブランド化実現への道筋』千倉書房
電通 abic project［編］／和田充夫・菅野佐織・徳山美津恵・長尾雅信・若林宏保（2009）．『地域ブランド・マネジメント』有斐閣
電通 abic project［編］／若林宏保・徳山美津恵・長尾雅信（2018）．『プレイス・ブランディング――“地域”から“場所”のブランディングへ』有斐閣
長尾雅信・山崎義広・八木敏昭（2018）．「地域ブランド論における外部人材の受容の研

究――中山間地におけるソーシャル・キャピタルの測定から」『マーケティングジャーナル』*38*(1), 92–107.

西澤昭夫・若林直樹・佐分利応貴・忽那憲治・樋原伸彦・金井一頼（2010）.「NTBFsの簇業・成長・集積のためのEco-systemの構築」RIETI Discussion Paper Series 10-J-024.

原　拓志（2007）.「研究アプローチとしての「技術の社会的形成」」『年報　科学・技術・社会』*16*, 37–57.

原　拓志（2018）.「MAISアプローチ――技術の社会的形成から社会現象の過程分析へ」『国民経済雑誌』*217*(3), 11–29.

若林宏保（2014）.「地域ブランドアイデンティティ策定に関する一考察――プレイス論とブランド論の融合を目指して」『マーケティングジャーナル』*34*(1), 109–126.

Adner, R., & Kapoor, R. (2010). Value Creation in Innovation Ecosystems: How the Structure of Technological Interdependence Affects Firm Performance in New Technology Generations. *Strategic Management Journal, 31*(3), 306–333.

Bahrami, H., & Evans, S. (1995). Flexible Re-Cycling and High-Technology Entrepreneurship. *California Management Review, 37*(3), 62–89.

Elton, C. (1927). *Animal Ecology*. Macmillan.

Gawer, A., & Cusumano, M. A. (2002). *Platform Leadership: How Intel, Microsoft, and Cisco Drive Industry Innovation*. Harvard Business School Press.

Iansiti, M., & Levien, R. (2004). *The Keystone Advantage: What the New Dynamics of Business Ecosystems Mean for Strategy, Innovation, and Sustainability*. Harvard Business School Press.

Lindeman, R. (1942). The Trophic-Dynamic Aspect of Ecology. *Ecology, 23*(4), 399–417.

Lotka, A. J. (1925). *Elements of Physical Biology*. Williams and Wilkins.

MacKenzie, D., & Wajcman, J. (1999). *The Social Shaping of Technology (2nd ed)*. Open University Press.

Menge, B. A., Berlow, E. L., Blanchette, C. A., Navarrete, S. A., & Yamada, S. B. (1994). The Keystone Species Concept: Variation in Interaction Strength in a Rocky Intertidal Habitat. *Ecological Monographs, 64*(3), 249–286.

Moore, J. F. (1993). Predator and Prey: A New Ecology of Competition. *Harvard Business Review, 71*(3), 75–86.

Odum, E. P. (1953). *Fundamentals of Ecology*. Saunders.

Paine, R. T. (1969). A Note on Trophic Complexity and Community Stability. *The American Naturalists, 103*, 91–93.

Tansley, A. G. (1935). The Use and Abuse of Vegetational Concepts and Terms. *Ecology, 16*(3), 284–307.

Williams, R., & Edge, D. (1996). The Social Shaping of Technology. *Research Policy, 25*(6), 865–899.

第6章
地方における中古住宅流通活性化の可能性
岡山県の空き家等の利活用に向けた取り組みを中心に

海宝賢一郎／高林宏一／田中 潔

中古住宅の流通活性化，全国的な問題となっている空き家の解消に向けて，再生可能な空き家を利活用するための取り組みがなされている。中心市街地における空き店舗の再生等の事例については，国土交通省や総務省が示す資料等にも多くが掲載され，学術論文等でも取り上げられることは多い。一方で，居住用建物への再生についての活用事例が紹介されることは少ない。

そこで，岡山県における空き家を居住用建物として利活用する取り組みについての現状分析および今後の課題解決に向けての考察を行った。地方都市では古い一戸建て住宅が未だに多く存在しており空き家も多い。各自治体によって，空き家への対応策は異なり，多くの課題が山積している。このような状況下で，中古住宅の流通活性化を図るためには，地域の実情を捉えた空き家再生に向けた取り組みを構築する必要がある，という視点から，産学官連携の地域モデルを考案し，地域と大学が連携するための新たな可能性について検討する。

1　はじめに

地方の中小規模都市では，古い一戸建て住宅が点在しており，大都市圏や地方の中心都市への人口流出と高齢化が進んだ結果，中古住宅が流通せずに空き家になる事例が発生している。このような現状をみれば，中古住宅の流通促進の中心は空き家再生にあるとも考えられる。

日本における既存住宅の流通シェア[1)]は14.7%であり，中古住宅が流通していないことがわかる。2006年6月に住生活基本法が施行され，既存住宅（以下，「中古住宅」と呼ぶ）の取引を活性化させるための政策が打ち出された。以後5年ごとに見直しがなされ，リフォーム履歴を建物の適正評価につなげるための基準の見直し，売買時のインスペクションといった，関連法規の改正も含め，環境整備が進められてきたが，住宅ストックは増加傾向にある。

総務省統計局[2)]によると，2018年の全国の平均空き家率は13.6%となり，前回（2013年）の調査結果（13.5%）と比較すると，過去最高記録を更新したものの微増に止まった。しかしながら，「その他の住宅[3)]」は，5年間で29万戸（9.1%）の増加となっており，これは実際に使われていない空き家が増加したことを意味している。

2015年5月に空家等対策の推進に関する特別措置法（以下「空家対策特別措置法」と呼ぶ）が完全施行され4年が経過しているが，国土交通省住宅局[4)]によると，空き家等対策計画を策定している市町村は全国すべての市町村の6割を超え，平成30年度末までに「助言・指導」を行った件数は15,586件あり，行政代執行まで至ったものは164件となっている。この数値は決して多いとはいえないが，行政主導の「特定空家等[5)]」の除去に向けた取り組みが徐々にすす

1）「既存住宅流通を取り巻く状況と活性化に向けた取り組み」〈https://www.mlit.go.jp/common/001156033.pdf（最終確認日：2020年2月13日）〉

2）総務省統計局「平成30年住宅・土地統計調査」〈https://www.stat.go.jp/data/jyutaku/index.html（最終確認日：2020年2月13日）〉

3）空き家の種類別の内訳として，二次的住宅あるいは賃貸用・売却用住宅以外の人が住んでいない住宅（いわゆる「その他の空き家」）をいう。

4）「空家等対策の推進に関する特別措置法の施行状況等について」〈(https://www.mlit.go.jp/common/001297115.pdf（最終確認日：2020年2月13日）〉

んできていることが確認できる。

同時に，空き家の利活用についても，全国各地で積極的な取り組みの事例が多くみられるようになり，またそのなかで大学が地域と連携してすすめられる空き家等の再生プロジェクトも増えてきた。だが，その多くは，古民家カフェ等の「飲食店舗」，シェアオフィス等の「事務所」，ゲストハウス等の「宿泊施設」といった非居住用建物への再生・転用というケースであり，居住用建物への再生事例の紹介はそれほど多くないのが現状である。

そこで，本章では，岡山県における空き家状況と空き家対策についての岡山商科大学の取り組み事例から今後の展望や課題について整理し，大学が地域とつながりをもち，地域に貢献する手段について考察したい。

2　空き家再生に関する先行事例の調査

個人資産のなかで取得価額が多額となる住宅（とくに建物）は，経年劣化による資産価値の目減りは仕方ないものの，空き家の状態となると「負の資産」となってしまう。その一方で，それらを再生することで，将来的な収益や資産形成につながる可能性もあり，「負の資産」から脱却することが期待できる。

ファイナンシャルプランニングの分野においては，個人資産の形成および資産管理の視点から，中古住宅の再生は重要な研究テーマと捉えられており，2013年度以降，岡山商科大学経営学部商学科ファイナンシャルプランニング（FP）コース所属の学生とともにフィールドスタディを実施して，空き家等の再生の可能性について調査をすすめてきた。

まず広島県尾道市（2016年実施）においては，NPO法人尾道空き家再生プロジェクトによる再生現場の視察および再生店舗の店主への有意義なヒアリング調査等を実施した。中心市街地におけるゲストハウスやカフェ，コミュニティスペースへの空き家再生・転用に関して，民間主導での地域活性化を図る

5）空家対策特別措置法において，「そのまま放置すれば倒壊等著しく保安上危険となるおそれのある状態または著しく衛生上有害となるおそれのある状態，適切な管理が行われていないことにより著しく景観を損なっている状態その他周辺の生活環境の保全を図るために放置することが不適切である状態にあると認められる空家等」を指す。

図 6-1　FP コースフィールドスタディの様子

貴重な事例として検証することができた。

また，当研究[6)]に関連し，鳥取市（2018 年実施）の中心市街地および周辺地区において，古民家のゲストハウスへの再生・転用，事業者買い取り型のシェアオフィスへの空き店舗の再生，クラウドファンディングの活用による地域再生資金の調達等について実証調査を進めてきた。

これらの先行事例から，地元に根づいた企業および NPO が中心となって進めるプロジェクトが成功を収めていることが確認でき，行政（自治体）は必要に応じた補助金での支援や広報活動といった後方支援にまわる方がサステナビリティを実現できるのではないかと考察する。

また，空き家や古民家の再生現場においては，ゲストハウス（簡易宿所），シェアオフィス，店舗といった非居住用建物への転用事例が非常に多い一方で，居住用建物への再生事例はほとんどないことが問題提起されたことが現在の研究につながっている。

3　岡山県の住宅に関する実態調査

岡山県は 27 市町村からなり，県の推計人口[7)]が約 190 万人，総住宅数[8)]は 91.7 万戸となっている。そのうち，岡山市と倉敷市に約 120 万人（県の人口の

6）文部科学省平成 29 年度私立大学研究ブランディング「『寄り添い型研究』による地域価値の向上」の助成を受けて行っている。

表 6-1　岡山県の人口規模別自治体分類

（出典：岡山県「平成 30 年岡山県人口の動き」をもとに筆者が作成）

人口規模区分		市町村名	市町村数
Ⅰ	50 万人以上	岡山市	1
Ⅱ	10 万人以上 50 万人未満	倉敷市	1
Ⅲ	4 万人以上 10 万人未満	津山市，総社市，玉野市，笠岡市，真庭市，赤磐市	6
Ⅳ	2 万人以上 4 万人未満	井原市，瀬戸内市，浅口市，備前市，高梁市，新見市，美作市	7
Ⅴ	1 万人以上 2 万人未満	和気町，矢掛町，美咲町，早島町，鏡野町，里庄町，吉備中央町，勝央町	8
Ⅵ	1 万人未満	奈義町，久米南町，西粟倉村，新庄村	4
合　計			27

約 62%）が居住している。人口規模別に分類すると，岡山市と倉敷市を除いた 25 市町村が人口 10 万人未満となっている（表 6-1）。

岡山県は，県庁所在地である岡山市を中心とした県南部に産業が集中しており，県北部の中山間地とは公共交通機関，幹線道路および高速道路によってつながっている。

岡山市および倉敷市の中心市街地を除き，郊外または周辺の自治体においては，建築年数のかなり経過している一戸建て住宅が数多く存在する。とくに中山間地においては，総住宅数の 8 割が一戸建て住宅，そのうち半数が築 40 年以上といった状況である。

1）築年数による住宅分類

中山間地になるほど旧耐震基準の住宅[9)]が多く存在するものと推測できるので，岡山県内の 1980 年以前に建築された一戸建て住宅について分析した。

その結果，人口規模区分のⅠおよびⅡにおいては，総住宅数に対する木造住

7）岡山県統計課「岡山県統計分析調査」〈https://www.pref.okayama.jp/soshiki/15/（最終確認日：2020 年 2 月 14 日）〉

8）総務省統計局「平成 30 年住宅・土地統計調査」〈https://www.stat.go.jp/data/jyutaku/index.html（最終確認日：2020 年 2 月 14 日）〉

9）建築基準法が 1982 年に改正され新耐震基準が示された。

宅の割合は30％台であるのに対し，それ以外の自治体では60％台～80％と高くなっていることがわかった。

また，郡部において注目すべきところは，総住宅数に対して，1980年以前の一戸建て木造住宅が40～50％台を占めている点である。簡単にいえば，2軒に1軒は築40年以上の住宅ということである。このような現状は，将来的な「空き家予備軍」がすでに数多く存在しているという事実を現している。

2）岡山県における空き家率と空き家対策

岡山県の空き家率は15.6％[10]となっており，「その他の空き家」に分類される空き家の割合[11]は8.0％という状況である。さらに，自治体別に空き家率を分析した結果，人口規模区分でのグループⅠ：6.0％，グループⅡ：6.2％，グループⅢ：10.1％，グループⅣ：13.7％となっている（グループⅤおよびグループⅥについてはデータが公表されていない）。

岡山県における空き家対策の状況[12]としては，空家対策特別措置法ならびに各自治体の空き家に関する条例をもとに，県全体の55.5％の自治体が空家等対策計画を策定し，県全体の51.9％の自治体が空家等対策協議会を設置することで，特定空家の認定および除去へ向けた取り組みを遂行している。

3）岡山県における空き家バンク利用状況

図6-2は，2019年2月末時点での岡山県内の各自治体の空き家バンク登録数および成約数をもとに，自治体を成約率の高い順に並び換えたものである。自治体によって空き家バンクの開始時期が異なるものの，それぞれに特徴がでている。GやLのように空き家バンクへの登録件数が多く成約率の高い自治体

10）「平成30年住宅・土地統計調査結果」〈https://www.stat.go.jp/data/jyutaku/2018/tyousake.html（最終確認日：2020年2月14日）〉のデータをもとに算出した。また，全国47都道府県の中で岡山県は空き家率が高い順で16位となっている。

11）本研究においては「その他の空き家」を研究課題としているので，「その他の空き家」に分類される空き家の割合で提示する。

12）「空家等対策の推進に関する特別措置法の施行状況等について」（2019年3月31日時点国土交通省・総務省調査）〈http://www.mlit.go.jp/common/001297115.pdf/（最終確認日：2019年8月18日）〉

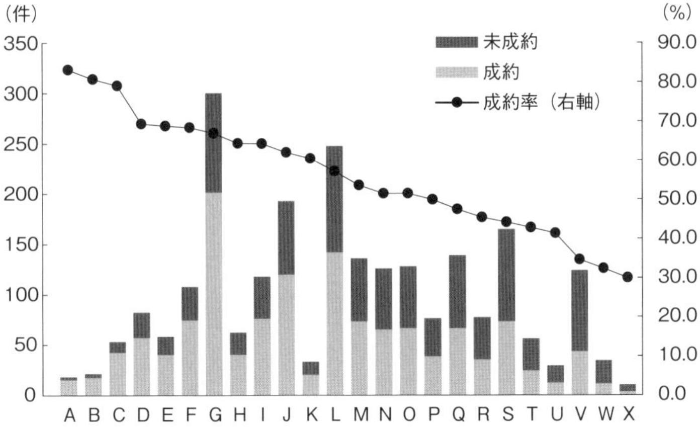

図 6-2　岡山県における自治体別空き家バンク利用状況 [13]
（出典：岡山県空家等対策協議会データ（2019 年 2 月末現在）をもとに筆者が作成）

もあれば，A ～ F のように登録件数が少なくても成約率が高い自治体もある。

各自治体では，空き家バンクを少人数の担当職員で運営しているのが実情で，利用者へのサービス向上を図りつつ，効率的な運営が求められている。各自治体の取り組み状況を精査し，県内すべての自治体が空き家バンクの利用促進に向け，効率的かつ有効なシステム運営を共有できるように提案することも，大学としての役割と考える。

また，瀬戸内市における空き家バンクでの成約状況について調査したところ，賃貸借契約が 54%，売買契約が 46% となっている [14]。また，賃貸借契約においては，県内からの移住者が 62.5% を占め，売買契約では県外からの移住者が 64.7% という結果が得られた。さらに，中心市街地の物件契約においては，すべて県内または市内からの移住者となっている点が特徴的であった。このことからも，地域によって賃貸と売買のニーズは異なるため，地域の特徴を分析したうえで対策を講じる必要性を確認することができた。

13）市町村名の特定を避けるためアルファベットに置き換えて表記している。
14）2008 年の空き家バンク開始以降，2019 年 6 月 31 日までの実績値。

4 産学官（産学公）連携における大学と地域の関わり方

瀬戸内市を例に挙げると，瀬戸内市空家等対策計画に基づいた空き家の調査結果[15]において，「建物全体の危険な損傷が著しく，倒壊の危険性があるEランク」に該当する空き家が，空き家全体の8%程度あり，将来的に除去せざるを得ない状況となっている。これらが特定空家等に認定されれば，除去に向けた助言・指導を行うことが可能となる。

このような特定空家の除去が，行政の当面の大きな課題にはなるが，再生可能といえる「A～Cランク」の空き家の再生も同時に行っていく必要がある。そのために，民間企業や各種団体が各々で積極的な取り組みを独自に行っているものの，横のつながりは薄い。そこに大学が介在することで，地域連携が強化された仕組みの展開が実現できるはずである。

行政の役割としては，移住者や空き家利用者に対する助成等に加え，移住コンシェルジュや地区推進関係者等の各種団体や地域コミュニティの「まとめ役」としての機能，空き家バンクの運営や広報活動等も必要とされる。

一方で，大学の役割としては，空き家バンクへの登録の促進のため，地域による特性（賃貸ニーズ，購入ニーズ）について調査・分析を行い，空き家所有者に向けた「貸し方」や「売り方」をまとめ，地域・地区にふさわしい広報の手法で啓蒙活動を行うことが挙げられる。具体的には，啓蒙チラシやビデオ等を製作して，効果的な案内を所有者へ提示する。また，地域との連携により公民館等で利活用を推進するセミナー等を実施し，遠方居住の所有者へは自治体との連携で固定資産税通知書と共にビデオ（VTRまたはYouTube）の案内を行う，といった構想を掲げている。

建築系分野を専門とする大学生が空き家の改修と利活用によるリノベーション等を実践している事例は多くある。建築を専門とする学生は，ハード面[16]における提案ができる。一方で，社会科学系の大学生がそこに関わることは難しい。しかし，コミュニティ形成といったソフト面，つまり「人のつながり」

15）国土交通省がガイドラインに示している空家等の状態の判断基準をもとにA～Eランクに分類している。自治体によってランク付けは多少異なる。

16）空き家を地域や学生のコミュニティスペースに改装するなどのリノベーション。

をテーマとした地域づくりに参画することは可能ではないだろうか。

5　地域連携における可能性

本章で紹介した研究の調査過程において，移住促進などの現場に携わる多くの方々から「空き家の所有者がなかなか動いてくれない」といった意見をもらった。そこで，大学が介在することで地域住民に頼られるシステムを構築することへの可能性を検証してみる。大学が介在できる可能性がある部分も含め，具体的に地域連携事業モデルを示す（図 6-3）。

空き家の再生には，不動産・建築の専門家からのアドバイスは必須であり，単独の相談会だけでなく，専門家たちと連携した相談対応・実施対応が必要である。また，そのなかに必ず「地域の主」といえる人物を入れることも重要である。空き家の所有者が不明な（市役所でもわからない）場合であっても，その家族の所在情報等を把握している可能性が高いことがその理由である。

以上のように，自治体と連携しながら大学が介在することは，「地域に関わる

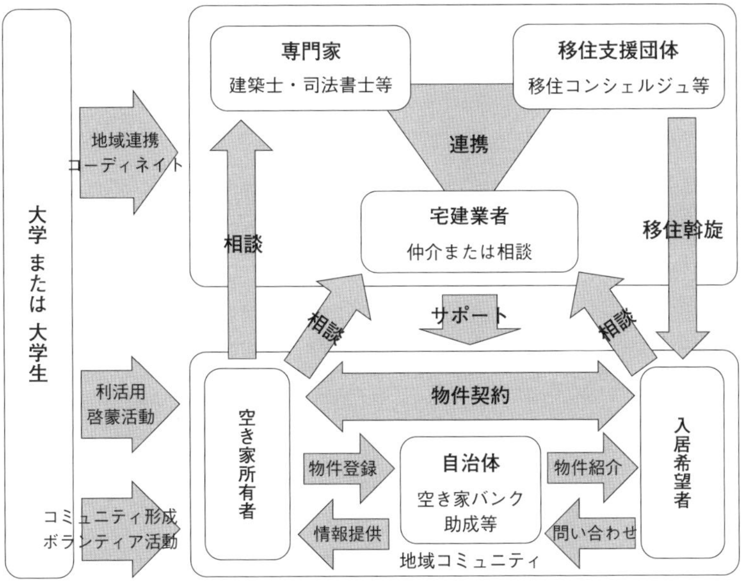

図 6-3　地域連携事業モデル

人をつなげる」という役割を担うことを意味し，その使命は大きいものと推察する。

6 結びにかえて

本章では，岡山県の空き家対策に着目して，中古住宅の流通活性化への取り組みについての考察を展開した。

産学官連携による取り組みを推進することで，大学や大学生にとっても社会貢献・地域貢献につながるものが構築される。単なるボランティア活動にはとどまらず，地域に形として残るものを築かなくてはならない。

空き家の利活用に関しては，空き家所有者への直接的な働きかけが必要であり，居住希望者とのマッチング作業においても工夫が必要なため，大学と地域のつながりが重要となると推察される。

建築系大学・学部では空き家を再生する現場でハード面における協力，社会科学系大学・学部では地域コミュニティの形成に関わることで参画していくというソフト面での協力といったように，上手く専門領域を分担することで，それぞれの特性（専門性）を活かした地域貢献が可能となる。そのためには，本章で取り上げた地域調査を基礎としてヒアリング調査を掘り下げ，提案型の啓蒙活動を展開することが，空き家再生に向けた地域貢献につながるものと捉え，今後の研究課題としたい。

【謝　辞】
瀬戸内市役所および独立行政法人住宅金融支援機構をはじめ，調査にご協力いただいたみなさまに心から感謝を申し上げたい。なお，本研究は，文部科学省平成 29 年度私立大学研究ブランディング「『寄り添い型研究』による地域価値の向上」の助成を受けて実施した。

【文　献】

市川真一（2018）．「住宅金融支援機構における既存住宅に対する融資制度の変遷と今後」『都市住宅学』*103*, 81–85.

芝浦工業大学地域共創センター (2019).『大学とまちづくり・ものづくり――産学官民連携による地域共創』三樹書房

高崎経済大学地域科学研究所［編］(2019).『空き家問題の背景と対策――未利用不動産の有効活用』日本経済評論社

立神靖久・横山俊祐・徳尾野徹 (2019).「全国自治体の空き家対策の取り組み状況に関する報告」『日本建築学会技術報告集』*25*(59), 439–444.

田中きよむ［編］(2018).『小さな拠点を軸とする共生型地域づくり――地方消滅論を超えて』晃洋書房

堤　洋樹・讃岐　亮 (2019).「地方都市における空き家の実態からみた地域区分の必要性」『日本建築学会計画系論文集』*84*(759), 1201–1208.

第7章
地域内の経済循環の分析・考察
地域経済におけるものづくりの基盤となる組織能力を構成する小集団改善活動の有効性[1]

西 敏明

岡山のものづくりの活性化は，地域社会・経済に活力をもたらし，高付加価値創造や雇用確保とその継続の観点からも重要であると考えられる。本研究では，地域のものづくり力の基盤を構成する岡山県内，QC サークル[2]中国・四国支部岡山地区などの小集団改善活動の状況について，実態（組織内事務局），位置づけ（人材育成，生産活動の重視，生産の自動（働）化），アンケートによる全国比較から仮説にもとづいた構造分析の基礎を行っていく。

結果として，組織（企業，行政）において小集団改善活動は生産性や効率性を期待するものの，人（ひと）の現場力向上や意識改革の人材育成の観点から重要であることが明確になった。また実態調査のためのアンケート調査により範囲を広げて調査した。結果として，効果は重視しているものの，人材育成の役割が大きいという結果も得られ，さらに継続性に重点を置くことや首脳部の関与が重要であると示唆された。

1）本章は，2017（平成 29）年度第 3 回「研究推進グループ会議」，2018（平成 30）年度第 2 回，第 3 回「研究推進グループ会議」の発表原稿資料をもとにまとめなおしたものである。

2）本章の題名のなかで「小集団」と書かれているが，組織により「QC サークル」と述べている箇所もある。両用語とも本章では同じ趣旨とする。なお，組織体により内容について区別するものがあると想定させるものもあるが本章では頁数の関係上，省略する。

1　はじめに：研究目的

一般的にものづくりの活性化は，地域社会・経済において，高付加価値を創造するという面，および雇用を確保するという面から重要であると考えられる。本章では岡山県における地域のものづくり力の基盤を構成する小集団改善活動の状況について，QC サークル中国・四国支部岡山地区などを中心に調査した結果について報告する。なお，資料収集・ヒアリング調査も実施し，本章における研究の基礎とした。

2　ヒアリングの実施地域・調査方法

ヒアリングの対象はQC サークル岡山地区幹事会社から選定，依頼し，快諾のえられた組織に加え，ベンチマークとして一部他地域の組織，行政組織を選定した。ヒアリングの実施に伴い，小集団改善活動の状況およびその周辺について調査し，基礎的研究とした。第 3 節においてはヒアリングで得られた組織

図 7-1　QC サークルについての冊子など

の要約を記載する。

3 企業・行政組織のヒアリングの要約による各組織の活動状況と考察

1）JFE スチール株式会社西日本製鉄所倉敷地区（鉄鋼）

この企業（以下，JFE とする）では小集団活動を，「J1 活動」と呼んでいる。このJ1 活動は 1968 年の水島第 1 回 QC サークル大会から始まったという。J1 活動は，「考える小集団活動」としてはじまり，社内に自発的に，かつ，責任をもって実行する気風を確立することをねらいとしている。J1 活動のねらいには，人間的側面と管理・改善の側面があり，「個の成長と強い職場の実現」を目指し，結果として，品質・安全の向上，コスト削減，生産性向上につながることをねらっている。その背景には JFE のブランド向上，さまざまな組織能力の向上を目指すことが根幹にある。J1 活動には，ボトムアップとトップダウンの活動があり，具体的には人材育成，安全活動，原価低減活動，省エネ活動，品質保証活動の推進などがあるという。J1 活動は人間としての成長の場とされており，社員一人ひとりの幸福を追求するものであるとされている。表彰制度も行われており，内容としては完結賞，銅賞，銀賞，金賞，特賞があり，成長の推進にもつながっているという。J1 活動の実施状況は，評価表によりプロセスの評価をすることで，つぎの改善につなげているという。

この企業では，テーマ完了件数の推移から，ものづくりに対する改善風土が醸成されていることが推察される。ヒアリングを行ったどの組織にも共通であるが，評価尺度と人材育成の観点から，量的評価から質的評価への転換は難しいようであり，今後の学術的課題であろう。この組織は，グローバルな視野で活動しており，現場力のワールドベンチマークを推進していることも重要である。

2）三菱自動車工業（株）水島製作所（自動車）

この企業では 1966 年から活動を開始しており，QC サークル岡山地区へ加わったのは 1971 年である。2017 年のサークル数は 150 サークル（2005 年 406 サークル，2015 年 170 サークル，2016 年 140 サークル）である。サークル数の変動は，従業員数の変動によるものであり，サークルの理念（人財育成，現場力，3 現主義）は開始当時から変わっていないという。活動理念には本社の考え方が水平展開されているが，これは基本的理念であり，水島製作所の人財育成のあり方を考えた指導・支援，表彰など創意工夫が活かされている。

考察としては，小集団活動のなかで，品質改善を中心に重点施策として，安全・不良・コストに対する考え方が徹底されていることが重要であると推察される。困り事の共有化，隣のサークルの気づき，見える化の推進をしていることにも注目しておきたい。

3）日本ゼオン株式会社（化学製品）

この企業では 1971 年に PTG（Productivity Technical Group）活動という名称のもとスタートした。当時，全社的に取り組んでいた生産性運動の実践グループとしての発足であったという。活動を通じて，一人ひとりが自己啓発，相互啓発をしながら，体質改善，収益向上に寄与しているという。1983 年にプロセス重視の活動として QC サークルに名称変更し，2000 年には「ZΣ（ゼットシグマ）サークル」に名称変更した。小集団活動の位置づけとしては，コスト競争力強化を目的とするものであり，ZΣ の意味は「ゼオン流で足し合わせ，総力を結集し，全員参加する活動」だとしている。

考察として，広く知られている QCDSME（Quality, Cost, Delivery, Safety, Morale, Environment）の観点が重要視されていることに加え，ZΣ サークル活動のねらいとしている個の重視，メンバーの自己実現・能力向上を図る，明るく活力に満ちた職場をつくる，という目標設定は，自主・自立・自律的であり，継続的に体質改善，発展に寄与および注力していることが推察される。

4）（株）岡山村田製作所（電子部品メーカー）

この企業は村田製作所のグループ会社である。小集団活動へのきっかけは，徹底した品質基準の維持と向上を図るというものであった。この小集団活動の開始は 2004 年からであり，名称は「TEAM 活動」である。岡山村田製作所は，国内中核事業所としての役割から，現場力の育成を行っている。さらに各職場でのモチベーションアップにつながる取り組みを行っている。小集団活動とともに，間接部門のプロジェクトを部門横断のチーム（CFT：Cross Functional Team）を編成して行っていることで，小集団活動の重要性は増しているという。

部門横断により，複合的な問題解決に焦点を当てる場合があることは重要であると推察される。それに加え，チームや個人で自主提案を行う仕組みが充実してきたこと，方針管理から展開される改善活動もあることは，特徴的である。

5）両備グループ人財育成センター

この企業での小集団活動の開始は，1971年5月であり，1998年10月まで27年間実施した。その後，QCサークル活動を再構築するためのコンセプトを明確にし，2008年から活動を再度導入した。再構築の理念は，「活動の理念・目的の明確化と周知徹底」「問題の明確化・真因の追求」「諸問題の解決及び活動展開の方法の検討」の三つである。これより理念の共有化を推進し，問題解決の認識の土壌が醸成され，組織にあった問題解決法の適用の深化が行われていることがわかる。

考察として現場力の向上，職場の活性化，社員の能力向上にQCサークルを結びつけている点が特徴的である。さらに平成30（2018）年度活動事例体験発表会では，着実な実施と首脳部の関与による風とおしのよい風土構築を実践していることが明らかとなった。決して現場だけの問題・課題ではなく，組織内で共有することが重要であるということが推察される。さらに，グループの現場改善において，人財育成センターの役割を強く認識している点は評価できる。

6）行政関係：倉敷市役所

倉敷市役所では，業務改善推進制度を実施している。これをトライK制度と呼んでおり，2009年度から開始（平成21年4月1日）された。この制度の目的は，「倉敷市業務改善推進制度（トライK制度）に関する規定」の第1条によると，効率的な事務事業の執行及び職員の能力開発をはかることである。行政を取り巻く，環境変化（業務改善の視点）にある。「トライK」には，Tri（三つの)-K「気づき」「改善」「共有化」と，Try！（やってみろ！），K（倉敷）の意味がある。

この制度を実施する際の具体的な流れについて説明しよう。まず，庁内WEBにある「トライ K-WEB」上で，職員が業務改善に関する提案，報告を行い，年1回職員による審査を行う。さらに実現可能性協議により，提案者は，担当課・改善サポーター・事務局で提案の実現に向けて話し合う。業務改善を実施することになった者は，事務局により3年間追跡調査し，WEB上で報告するという仕組みである。

これらの活動は，職場内のCS，市民に対してのCSの考え方を推進し，職員，職場の活性化につながっていることが推察される。過去の実績では，QCサークル岡山地区大会で制度の概要と事例紹介を行っており，本大会の後援（倉敷市長賞）にも協力している。また，2009年度から行っているトライKの表彰制度は職員の自信や誇りの醸成において重要である。

7）行政関係：つやま産業支援センター内「津山圏域改善活動委員会」

津山圏域改善活動委員会は，津山圏内の工業団地に進出した誘致企業が始まりである。この企業は「津山圏域企業協議会」の有志企業であり，「QCサークル委員会」を経て，現在の「津山圏域改善活動委員会」となった。

これは，1980年から「QCサークル委員会」として活動を開始し，2015年6月より現名称に改称した。この委員会は，企業の更なる発展と体質改善および強化を目的とするものであり，平成21年度からのスローガン「モノづくりは人づくりから」を掲げ，人材育成を中心に活動している。参加企業は製造業を中心としており，津山市内の企業だけでなく，BtoBの取引で津山市と関係がある企業を含め，津山圏域としている。

主な活動は，改善活動発表大会，QC手法基礎コース研修会，圏域外企業視察研修事業，改善活動説明会・月例会，人材育成支援であり，先述の通り教育・人材育成に重点を置いている。これらをつやま産業支援センターが支援していることは，地元のものづくりの品質管理技術を下支えする素晴らしい仕組みである。

8）小集団改善活動が目標とする組織能力像

この調査をとおして抽出された小集団改善活動が目標とする組織能力像は，

以下の 5 点にまとめられる。

a) 削減・生産性も重要であるが，人材育成が組織にとっての基礎的体力であると捉えること
b) コスト削減を重視して，そのうえで実施すること
c) 行政での PDCA や効果の評価は外部評価として重要になる傾向があること
d) トップの視点・関わりが重要であること
e) モチベーションアップと，継続性に注力すること

4 アンケート調査

岡山県を中心とした地域に，「組織における改善活動に関する調査」のアンケートを実施した。調査項目は QC サークル本部が編集した 4 年ごとに調査が行われている「第 8 回 QC サークル活動（小集団改善活動）実態調査」を参考に作成し，後に比較検討できるようにした。対象とする組織の抽出のため，『2018 年度版　岡山企業年報』（瀬戸内海経済レポート, 2018）のデータベースをもとに，従業員 50 人以上の企業・組織を対象に E-mail でアンケートを送付した（396 社）。さらに QC サークル中国・四国支部に加入する 86 社に送付し，合計 50 社から回答をえた（回収率約 10.4%）。改善活動については，約 8 割の企業が実施している。小集団改善活動に対する意見として，「研修・教育」と「改善活動の重要性」について自由形式で回答してもらい，KH Coder（http://khcoder.net/）を用いて計量テキスト分析を行い，各回答間の共起ネットワークを解析した結果を図 7-2，図 7-3 に示す。これより「研修・教育」と「改善活動の重要性」は課題の構造および共起ネットワークが異なることが示唆された。今後の研究としては，この構造から層別した仮説検証に加え，行政内の取組についても比較検討したい。

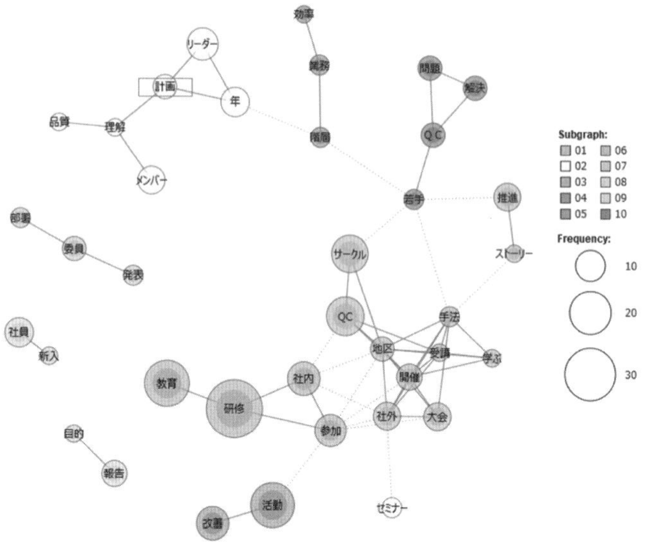

図 7-2　研修・教育についての共起ネットワーク

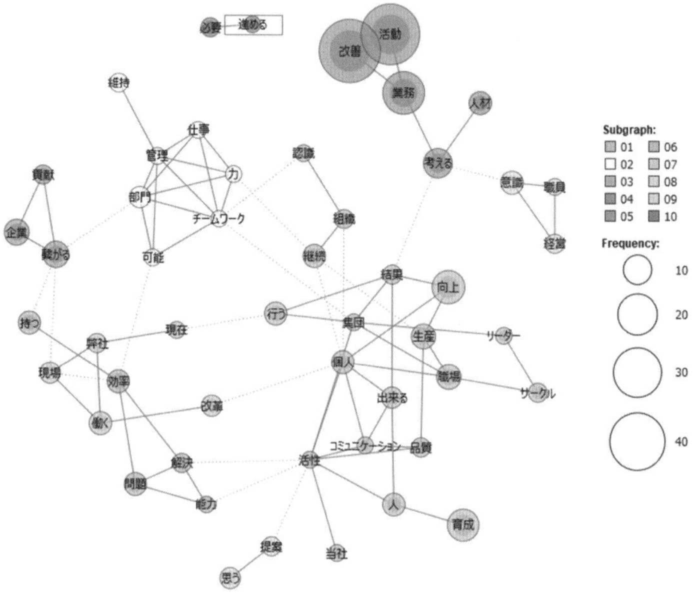

図 7-3　改善活動の重要性についての共起ネットワーク

【謝　　辞】

本調査において，ヒアリングならびにアンケートにご回答いただいた組織の皆様方に心より感謝申し上げます。また，本調査を実施するにあたり，QCサークル本部事務局に，全国アンケートに関する情報・資料ならびに，企業や行政の動向やご意見を賜り，心より感謝申し上げます。

【文　　献】

QCサークル本部［編］（2014）．「新しい価値を生み出すQCサークル活動（小集団改善活動）をさぐる——第8回QCサークル活動（小集団改善活動）実態調査から」『品質月間テキスト』*407*, 3–85.

倉敷市役所（2009）．「倉敷市業務改善推進制度（トライK制度）に関する規定」

瀬戸内海経済レポート（2018）．『2018年度版　岡山企業年報』

【参考URL】

解析使用ソフトウェア「KH Coder」〈http://khcoder.net/（最終確認日：2019年10月27日）〉

第 8 章
岡山県津山市における農業・林業振興政策に関する産業連関分析

加藤真也／田中勝次

本章では，岡山県津山市の農業と林業に焦点を当てた経済分析を行う。具体的には 2011 年津山市産業連関表をもちいて，津山市の経済構造を明らかにし，農林業振興政策の経済波及効果を求める。その結果，2011 年における津山市の経済構造の特徴としては，電子部品産業，パルプ・紙・木製品産業，林業が全国の他地域と比較しても盛んな産業であり，津山市の耕種農業と林業は，経済波及効果を生じにくい産業であることがわかった。また，現在，津山市が計画している農地集積面積と新規植林面積を実現するように，需要を促進する政策を行った場合に生じる経済波及効果はそれぞれ，12 年間で 5 億 385 万円と 12 億 556 万円，また，それにともなう二酸化炭素排出量の増加量はそれぞれ，12 年間で 495tCO2 と 1,157tCO2 であると試算した。いずれの値も津山市の市内総生産や二酸化炭素総排出量と比べると小さく，農林業振興政策を行ったとしても津山市経済や二酸化炭素総排出量にはあまり大きなインパクトを与えないことが判明した。

1 はじめに：津山市における農林業の概要と経済構造

岡山県津山市における農業は，水稲の栽培を中心とし，野菜・果樹・乳肉用牛など，さまざまな農畜産物が生産されている。しかし，農家の高齢化や減少，後継者不足，耕作放棄地の拡大など農村地域を取り巻く環境は厳しさを増している。また，津山市の林業の現状としては，津山市の森林面積は市域の約7割を占めており，その内61%がスギ・ヒノキなどの人工林で，中でもヒノキの植栽率は高い。しかし，木材価格の長期低迷，採算性の悪化にともない，森林所有者の経営意欲の減退を招き，放置されている森林が目立つ状況がつづいている。本章では，このように多くの課題を抱える津山市の農林業に焦点を当てた経済分析を行っていくこととする。

まず本節では，法政大学日本統計研究所JSRIから提供された2011年津山市産業連関表（以下，津山市表）をもちいて，津山市の経済構造についてみていく。

もとの津山市表は産業を107部門に分類しているが，これを39部門へ統合する。表8-1は統合した後の39部門を示しているが，部門分類は基本的に全

表8-1　部門分類（39部門）
（出典：総務省統計局（2016）を一部改変）

部門名	部門名	部門名
1. 耕種農業	14. 金属製品	27. 商業
2. 林業	15. はん用機械	28. 金融・保険
3. その他農林水産業	16. 生産用機械	29. 不動産
4. 鉱業	17. 業務用機械	30. 運輸・郵便
5. 飲食料品	18. 電子部品	31. 情報通信
6. 繊維製品	19. 電気機械	32. 公務
7. パルプ・紙・木製品	20. 情報・通信機器	33. 教育・研究
8. 化学製品	21. 輸送機械	34. 医療・福祉
9. 石油・石炭製品	22. その他の製造工業製品	35. その他の非営利団体サービス
10. プラスチック・ゴム	23. 建設	36. 対事業所サービス
11. 窯業・土石製品	24. 電力・ガス・熱供給	37. 対個人サービス
12. 鉄鋼	25. 水道	38. 事務用品
13. 非鉄金属	26. 廃棄物処理	39. 分類不明

国 37 部門表と同じである。ただし，津山市の耕種農業と林業に焦点を当てた分析を行うため，農林水産業を耕種農業，林業，その他農林水産業（内訳：畜産，農業サービス，漁業）に分けることにより 39 部門としている。

1）津山市における各産業の生産額

津山市表によると，2011 年における津山市の総生産額は 563 億 3708 万円であった。そのうち，たとえば耕種農業の生産額は 5 億 1233 万円であり，生産額構成比は 0.91%（＝5 億 1233 万円÷563 億 3708 万円×100）である。これと同様に津山市の各産業の生産額構成比を計算すれば，図 8-1 のようになる。

図 8-1 から，各産業の生産額構成比の順位は，1 位が電子部品（9.4%；52 億 7488 万円），2 位が商業（9.1%；51 億 3281 万円），3 位が医療・福祉（7.5%；42 億 2242 万円）である。また，耕種農業（0.91%；5 億 1233 万円）は 21 位，林業（0.37%；2 億 603 万円）は 30 位である。

このことから，津山市内の産業において耕種農業や林業の生産額に占める割合は小さいことがわかる。では，これらの割合が他の地域と比較したときにも小さい値であるといえるのであろうか。たとえば，全国表（2011 年産業連関表）から日本全体の総生産額は 939 兆 6749 億円であり，耕種農業の生産額は 6 兆 430 億円であることから，日本全体における耕種農業の生産額構成比は 0.64%（＝6 兆 430 億円÷939 兆 6749 億円×100）となり，津山市における耕種農業の生産額構成比 0.91% は日本全体と比較したときに，生産額構成比は大きいことがわかる。

このことをわかりやすく表現したものが特化係数である。日本全体と比較したときの津山市の耕種農業の特化係数は 1.41（＝0.91÷0.64）となる。特化係数が 1 を超えていた場合は，生産額構成比が全国平均よりも高く，逆に 1 を下回っていた場合は全国平均よりも低いこととなる。そのため，津山市の耕種農業の特化係数が 1.41 であり，1 を超えていたことから，津山市における耕種農業は，全国的にみて生産が活発であると判断できるのである。図 8-2 は津山市における各産業の特化係数である。

図 8-2 から，特化係数の順位は，1 位が電子部品（6.6），2 位がパルプ・紙・木製品（5.6），3 位が林業（4.4）であり，全国的にみて津山市の林業は非常に

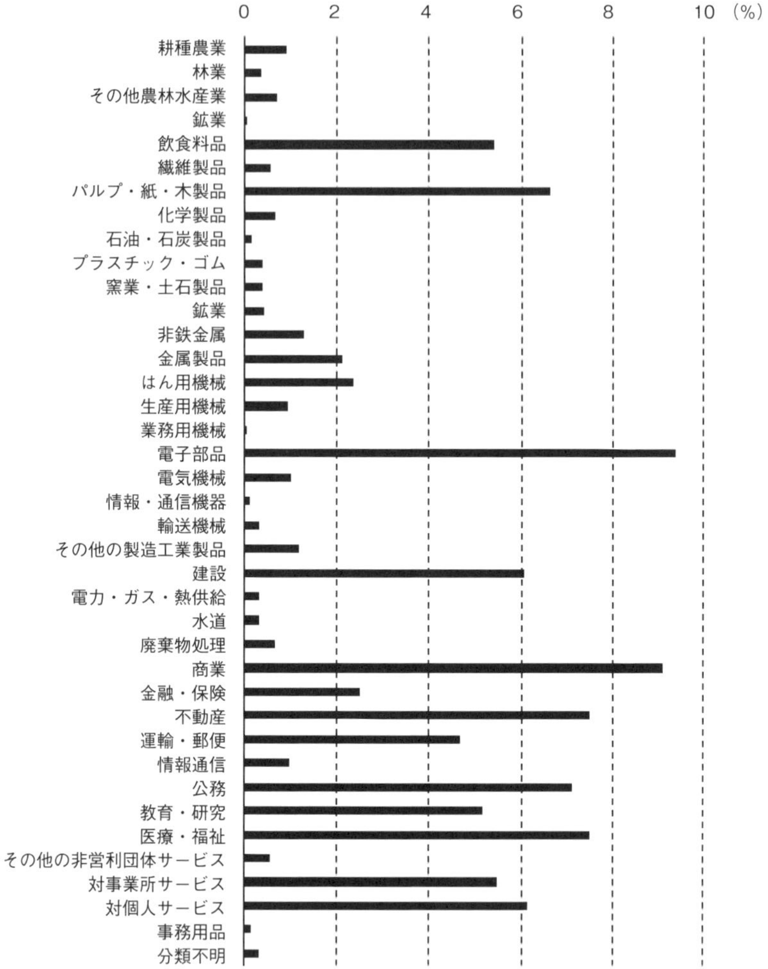

図 8-1　津山市における各産業の生産額構成比

盛んであることがわかる。また，耕種農業（1.41）は 10 位であり，比較的上位に位置していることがわかる。

2）津山市における各産業の影響力係数

本項では津山市における各産業の影響力係数を求める。ただし，本分析で利

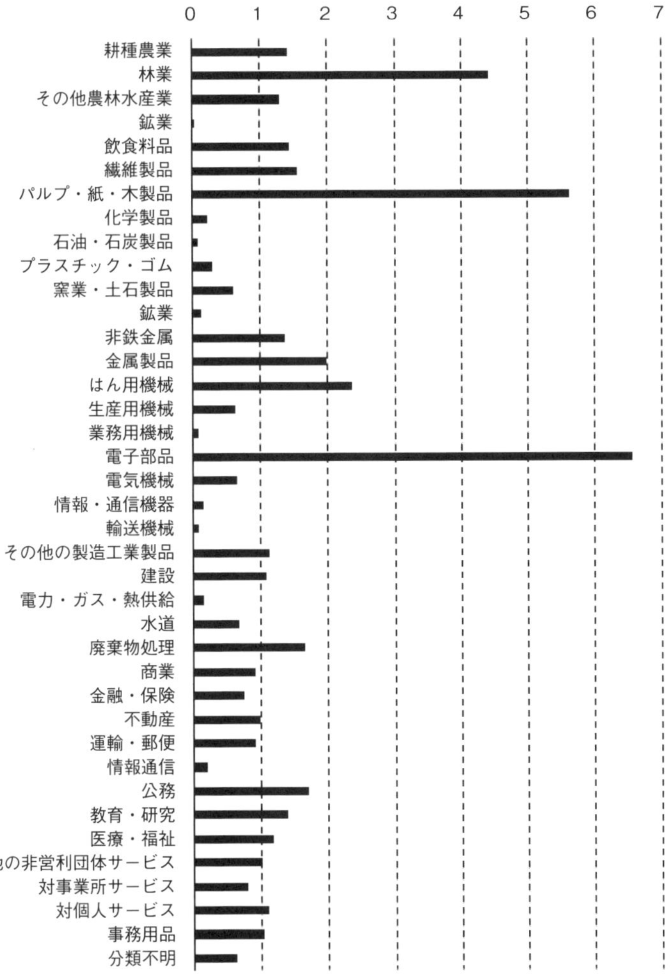

図 8-2　津山市における各産業の特化係数

用する津山市表は輸出入や移出入が分離されていないため，移輸入外生モデルとして分析を行っている。そのため，経済波及効果が大きく現れやすいことには注意をしなければならない。

ある産業の影響力係数とは，ある産業の最終需要が1単位増加したときの産業全体の生産誘発額を，各産業の生産誘発額の平均値で割ったものである。たとえば，津山市の耕種農業に対する最終需要が1億円増加したとき，産業全体の生産誘発額である経済波及効果（第2次間接効果は含まない）が2.0億円であったとする。同様に全産業に対してこのような経済波及効果を計算し，その平均値が2.2億円であったとする。これより，津山市における耕種農業の影響

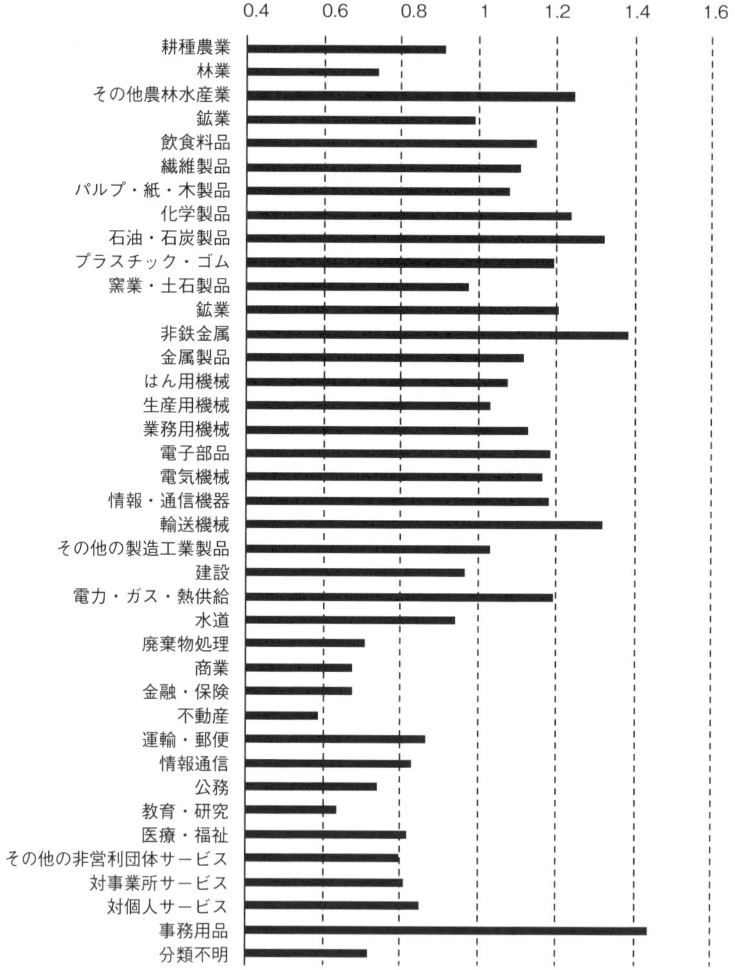

図8-3　津山市における各産業の影響力係数

力係数は 0.91（＝2.0 億円÷2.2 億円）と計算することができる。この値が 1 を下回っていることは，津山市内の産業平均より耕種農業は経済波及効果を及ぼしにくいことを意味している。逆に，1 を上回っていれば，経済波及効果を及ぼしやすい産業であることがわかる。また，ある産業の影響力係数が大きいことは，津山市内の他の産業から多くの原材料を購入していることから経済波及効果（影響力）が大きいと解釈できる。図 8-3 は津山市における各産業の影響力係数である。

図 8-3 から，影響力係数の順位は，1 位が事務用品（1.44），2 位が非鉄金属（1.38），3 位が石油・石炭製品（1.32）である。また，耕種農業（0.91）は 25 位であり，林業（0.74）は 32 位である。このことから，津山市の耕種農業や林業は経済波及効果を及ぼしにくい産業であることがわかる。ちなみに，日本全体における耕種農業と林業の影響力係数はそれぞれ 0.87 と 0.71 であるので，津山市における耕種農業と林業の影響力係数が特別低いというわけではない。耕種農業と林業という産業自体が経済波及効果をもたらしにくい産業であると解釈すべきであろう。

2　津山市における各産業の二酸化炭素排出量

本節では，津山市の各産業から年間どの程度の二酸化炭素を排出しているかについて概算を行う。使用するデータは，環境省が作成した 2011 年環境分野分析用産業連関表（以下，環境 IO 表）である。この環境 IO 表には，日本における各産業の生産額と二酸化炭素排出量などが記載されている。たとえば，2011 年における日本の耕種農業の生産額は 6 兆 430 億円であり，二酸化炭素排出量は 826ktCO2 であるといったことを読み取ることができる。これより，生産額と二酸化炭素排出量の比率（二酸化炭素排出係数）を求める。耕種農業の二酸化炭素排出係数であれば，0.014ktCO2/億円（＝826ktCO2÷6 兆 430 億円）となる。同様にして，各産業の二酸化炭素排出係数を求めていく。このように得た二酸化炭素排出係数に対して津山市の各産業の生産額をかけ合わせることにより，津山市の各産業の二酸化炭素排出量を求めることができる。また，環境 IO 表には民間消費支出にともなう二酸化炭素排出量も記載されているため，津山市における民間消費支出に対する二酸化炭素排出量も求めることができる。これにより求めた津山市における各産業，民間消費支出からの二酸化炭素排出量を図 8-4 に示す。

図 8-4 から，民間消費支出にともなう二酸化炭素排出量が最も多く，二酸化

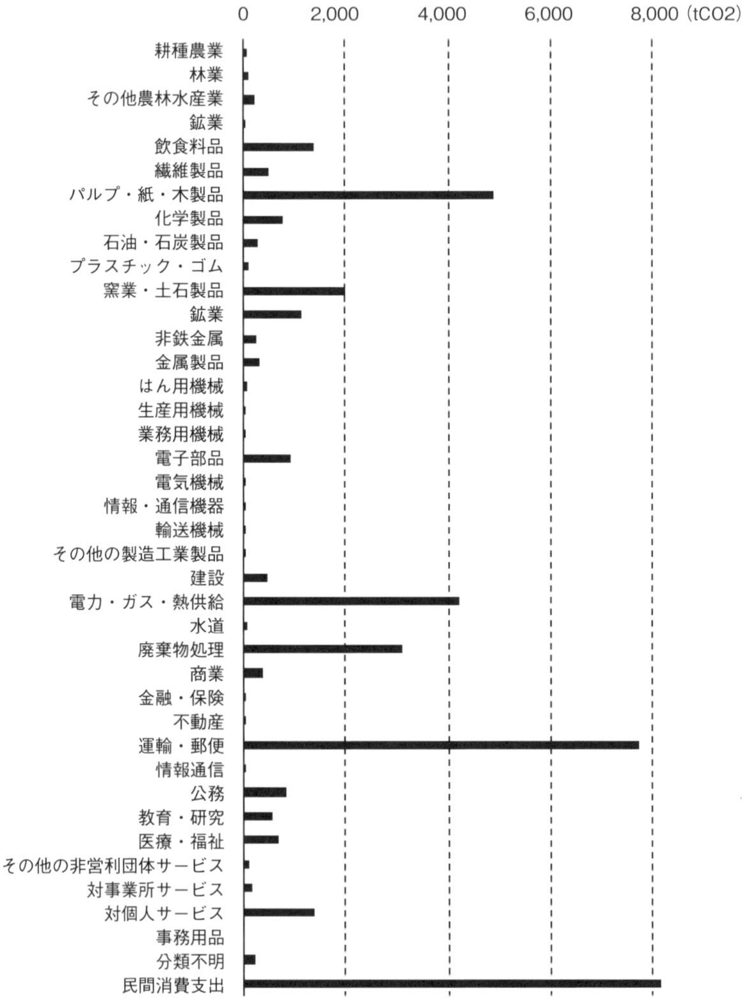

図 8-4　津山市における各産業，民間からの二酸化炭素排出量

炭素排出量の産業内順位は，1位が運輸・郵便（7,735tCO2），2位がパルプ・紙・木製品（4,873tCO2），3位が電力・ガス・熱供給（4,226tCO2）であることがわかる。また，耕種農業（70tCO2）は27位であり，林業（93tCO2）は23位である。ちなみに，耕種農業と林業の二酸化炭素排出係数はそれぞれ，0.014ktCO2/億円，0.045ktCO2/億円であり，その産業内順位はそれぞれ27位，14位となっている。このことから，津山市における耕種農業と林業の二酸化炭素排出量はそれほど多くないが，二酸化炭素排出係数が低いというわけではない。ただし，林業には二酸化炭素を吸収するという側面があることから，それを考慮すれば林業の二酸化炭素排出量はさらに小さくなるはずである。しかし，林業が二酸化炭素吸収量にどの程度貢献しているか定量的に求めることは困難であるため，ここでは考慮しないこととする。

また，津山市における民間消費支出にともなう二酸化炭素排出量は8,157tCO2であり，津山市の二酸化炭素総排出量41,385tCO2の19.7%を占めていることとなる。

3　津山市における農業・林業振興政策の経済波及効果

本節では，津山市第5次総合計画（2016年）に記載されている農業振興政策と林業振興政策について，簡易な産業連関分析を行い，それらの政策にともなう経済波及効果（第2次間接効果は含まない）を求めることとする。第2次間接効果を含めない理由としては，本モデルはデータの制約上，移輸入外生モデルを使用しているため，経済波及効果が過大に推計されていることが懸念されるためである。

1）津山市における農業振興政策の経済波及効果

津山市第5次総合計画には，農地集積面積（所有，借入，農作業受託により利用している農地面積）を12年間で913.9ha（2014年度）から1,385ha（2025年度）へと1.52倍に増加させる計画がある。この計画が実施されることによる経済波及効果と，二酸化炭素排出量の増加量を求めるために，つぎのような状況を想定してシミュレーションを行う。津山市の耕種農業の生産額を12年間

表 8-2　農業振興政策の経済波及効果と二酸化炭素増加量

	金額
直接効果（按分先：耕種農業）	2 億 5242 万円
第一次間接効果	2 億 5143 万円
経済波及効果	5 億 385 万円 （年間 4199 万円）
二酸化炭素増加量	495tCO2 （年間 41tCO2）

で 1.52 倍にさせるように，津山市が最終需要を増加させるような何らかの政策を行うことを考える。このような状況を想定する理由としては，農地（生産額）を増やすと同時に需要を促進するような対策を講じる必要があるためである。この場合の需要の増加を，耕種農業に対する最終需要の増加と捉え，直接効果は耕種農業にのみに及ぶものとする。このような想定の下でのシミュレーション結果は表 8-2 の通りである。

表 8-2 から，耕種農業の最終需要を 2 億 5242 万円だけ増加させるような何らかの需要促進政策を実施すれば，耕種農業の生産額は 12 年間で 1.52 倍となり，それにともなう経済波及効果は 5 億 385 万円（年間 4199 万円）となることがわかる。また，それにともなう二酸化炭素増加量は 495tCO2（年間 41tCO2）となる。

また，津山市表より 2011 年の市内総生産は 295 億 5719 万円であるため，年間 4199 万円の経済波及効果はその 0.14% であり，規模は小さいといわざるをえないであろう。また，2011 年の津山市における二酸化炭素総排出量は 41,385tCO2 であったことから，年間 41tCO2 の二酸化炭素増加量はその 0.10% に過ぎず，これも全体の二酸化炭素排出量に対してはほとんど影響のない水準である。

2）津山市における林業振興政策の経済波及効果

津山市第 5 次総合計画には，新規植林面積を 12 年間で 13ha（2014 年度）から 66ha（2025 年度）へと 5.08 倍に増加させる計画がある。農業振興政策で行ったシミュレーションと同様に，この計画を実施することによる経済波及効果と二酸化炭素排出量の増加量を求める。シミュレーションは，津山市の林業

表 8-3　林業振興政策の経済波及効果と二酸化炭素増加量

	金額
直接効果（按分先：林業）	7 億 4439 万円
第一次間接効果	4 億 6117 万円
経済波及効果	12 億 556 万円 （年間 1 億 46 万円）
二酸化炭素増加量	1,157tCO2 （年間 96tCO2）

の生産額を 12 年間で 5.08 倍にさせるように，津山市が最終需要を増加させるような何らかの政策を行うことを考える。先程と同様に直接効果は林業にのみ及ぶものとする。このシミュレーション結果は表 8-3 の通りである。

表 8-3 から，林業の最終需要を 7 億 4439 万円だけ増加させるような何らかの需要促進政策を実施すれば，耕種農業の生産額は 12 年間で 5.08 倍となり，それにともなう経済波及効果は 12 億 556 万円（年間 1 億 46 万円）となることがわかる。また，二酸化炭素増加量は 1,157tCO2（年間 96tCO2）となる。

年間 1 億 46 万円の経済波及効果は 2011 年における津山市の市内総生産の 0.34% であり，年間 96tCO2 の二酸化炭素増加量は 2011 年における津山市の二酸化炭素総排出量の 0.23% である。そのため，農業振興政策と同様に林業振興政策も津山市の市内総生産や二酸化炭素排出量に大きなインパクトは与えないと考えられる。

ところで，本節の農業振興政策と林業振興政策のシミュレーション結果を比較して，林業振興政策の方が経済波及効果が大きいことから，林業振興政策を行う方がよいと考えることは安直である。なぜなら，林業振興政策では林業の生産額を 12 年間で 5.08 倍となるように，林業に対する最終需要を 7 億 4439 万円だけ増加させる必要があるので，より困難なことであるように思われるからである。また，林業振興政策の一つの目標が，新規植林面積を 12 年間で 13ha から 66ha へと 5.08 倍に増加させることであるが，このことから林業における生産額を 12 年間で 5.08 倍に増加させることが目標となると読み替えていることにも問題がないとはいえない。そのため，本節のシミュレーション結果はより注意をして見る必要があると思われる。

4 おわりに

本章の分析から，津山市の林業は他の地域と比較して盛んな産業であることはわかったが，耕種農業とともに経済波及効果を及ぼしにくい産業であることもわかった。また，津山市における農業振興政策，林業振興政策ともに，津山市経済や二酸化炭素排出量にはあまり大きな影響を与えないこともわかった。これに関しては，津山市にかかわらず他の地域でも一般的にいえることであるかもしれない。また，本章の分析では農業や林業の多面的機能について考慮することができていないことにも注意が必要である。農業であれば，水田が雨水を一時的に貯留し，洪水や土砂崩れを防ぎ，多様な生物を育むほか，美しい農村の風景は，私たちの心を和ませてくれる役割を果たしているであろう。森林であれば，水源涵養機能，土砂災害防止，低炭素社会への貢献などの機能を有しているであろう。本来はこれらの機能も総合的に評価をすべきであるが定量的に分析することは困難である。ただし，津山市経済に与える影響という面に着目するのであれば，本章の分析結果から得られる示唆も小さくないであろう。

【謝　辞】

本分析のシナリオを立案するにあたって，打ち合わせにご参加いただいた津山市の職員の方々には心より感謝申し上げます。

【文　献】

岡山県総合政策局統計分析課（2016）.「平成 23 年（2011 年）岡山県産業連関表」
環境省（2017）.「平成 23 年版環境分野分析用産業連関表」
総務省統計局（2016）.「産業連関表基本分類――日本標準産業分類（平成 19 年（2007 年）改定）細分類対応表」
総務省統計局（2016）.「平成 23 年（2011 年）産業連関表」
津山市みらいビジョン戦略室（2016）.「津山市第 5 次総合計画　津山開花宣言」

第Ⅲ部
「継承」から考える持続可能な暮らし

第9章
地域情報の共有プラットフォームとしてのWikipedia
二松学舎大学におけるウィキペディアタウンの実践

谷島貫太

「ウィキペディアタウン」という言葉を聞いたことはあるだろうか[1]。これは，地域の文化財や史跡を対象とし，グループでウィキペディアの記事を執筆・編集していくワークショップである。日本では2013年頃から取り組まれているこの活動は，年を追うごとに拡がりをみせ，今では週に一度は日本のどこかでワークショップが行なわれている計算となる[2]。筆者は，このウィキペディアタウンを大学教育のなかに取り入れることを試みている。ICTをめぐるリテラシーを身につけるというだけでなく，大学が地域と積極的にかかわり貢献していくことを求められている現状において，このワークショップには多くの可能性があると考えているからだ。本章では，二松学舎大学における筆者のゼミでつづけてきたこの試みについて紹介し，そこに見出される可能性について考察していく[3]。

1）ウィキペディアタウンというプロジェクトについては，『ライブラリー・リソース・ガイド』第25号，特集「ウィキペディアタウンでつながる，まちと図書館」（アカデミック・リソース・ガイド，2019年）が，基礎情報から多様な論考までをまとめており参考になる。

2）ウィキペディア上の「プロジェクト：アウトリーチ/ウィキペディアタウン/アーカイブ」記事を参照。

3）本章で紹介するプロジェクトの一部は，東京都千代田区が千代田区に関する研究・調査活動に助成する「千代田学」の事業として実施された。また本章は，千代田学2018年度報告書「千代田区の郷土資料を用いたWikipedia記事作成ワークショップの展開」を下敷きにしている〈https://www.city.chiyoda.lg.jp/koho/kurashi/volunteer/documents/nishogakusha30-1.pdf（最終確認日：2019年11月7日）〉。

1 はじめに：ウィキペディアタウンと教育

ウィキペディアタウンを教育的な機会として活用しようとする試みは，すでに多く存在する。高校では京都府立南陽高等学校での「ウィキペディア・タウン by 京都府立南陽高等学校」[4]，長野県立高遠高等学校での「Wikipedia TOWN school @ takato」[5] などがあり，小学校でも静岡県の下田小学校と白浜小学校での「Wikipedia Town in 下田小学校＆白浜小学校」[6] がある。いずれも，ICT リテラシーの習得や地域の歴史に触れる機会の創出，そして図書館の利活用の促進などの教育的効果を見込んで実施されたものだ。大学関係者主催のウィキペディアタウンも少なくない。代表的な事例としては，都留文科大学の博物館学芸員資格課程の授業内で実施された「ウィキペディアタウン in 都留」を挙げることができる [7]。この事例では，学芸員の仕事の一つとしてウィキペディアタウンを実施することができるスキルを身につける，という教育効果が想定されている。他にも大学生をメインの対象として大学機関で開催された事例もいくつもあり [8]，明確に述べられてはいないがさまざまな教育的効果を見込んでの実施であると思われる。東京電機大学の総合メディアセンター主催の「TDU ウィキペディアタウン in 千住」では，想定参加者は大学生だけではないが，著作権や正確な情報伝達手段，そして情報リテラシーに関する理解を深めることをイベントの目的として掲げている [9]。

大学の教育のなかにウィキペディアタウンを取り入れることには，大きな可

4）青木和人（2016).「ウィキペディア・タウン by 京都府立南陽高等学校」〈http://current.ndl.go.jp/e1852（最終確認日：2019 年 11 月 7 日)〉

5）諸田和幸（2017).「公共図書館による高等学校でのウィキペディアタウンの取り組み」〈http://www.u-gakugei.ac.jp/~schoolib/htdocs/index.php?key=jo6wwvbgg-121#_121（最終確認日：2019 年 11 月 7 日)〉

6）「Wikipedia Town in 下田小学校＆白浜小学校」〈http://www.u-gakugei.ac.jp/~schoolib/htdocs/index.php?key=jos82vv6k-121（最終確認日：2019 年 11 月 7 日)〉

7）2016 年に実施された回には，筆者も見学者として参加した。詳しくは日向（2016）を参照。

8）尾道市立大学「『みんなでつくる "まちの事典" ～ウィキペディア・タウン in 尾道』開催について（情報科学研究会)」〈http://www.onomichi-u.ac.jp/attributes/topics2014.html/2017011300010/（最終確認日：2019 年 11 月 7 日)〉

能性があると筆者は考えている。地域の文化財について一定以上の質のウィキペディア記事を書き上げるにはさまざまなスキルが必要になる。資料を読み込み，重要な情報を取り出して，対象に合わせてバランスのよい記事構成を考え，簡潔で的確な文章を執筆する。これらを可能とするスキルは，大学生が学びを進めていく際にも必須のものだ。もちろんそれだけではない。記事対象の写真を撮影し，ウィキメディアコモンズ[10]にアップロードしてウィキペディアの記事に取り込むには，当然一定以上の IT リテラシーが求められるし，著作権の知識も押さえておかなければならない。またキャンパス周辺の文化財を対象とすることで，大学がある地域についての知識を深めることができ，さらには一般参加も可能とすれば地元の方々との交流の機会ともなりうる。加えて，現代の学生の学習過程において，ウィキペディアは避けては通れない存在である。現代社会における知識流通のインフラに近いサービスであるウィキペディアに対しては，たんに利用を禁じてしまうよりも，どのような距離感で付き合っていくべきかというリテラシーをしっかり身に着けるほうが望ましい。実際にウィキペディアの記事執筆のプロセスを詳しく知ることによって，学生たちがウィキペディアをめぐる基本的なリテラシーを身に着けることができる。ウィキペディアタウンは，大学生にとって総合的な学びの機会となりうるのだ。

2　ウィキペディアタウンを学生が主催すること

ウィキペディアタウンは，一参加者として参加するだけでもたいへん勉強になるが，主催者，運営者としてウィキペディアタウンに関わると，学べることはさらに多くなる。主催者はワークショップで扱うトピックを選ぶところからはじめなければならない。そのためには，当該地域について，ある程度は詳しくならなければならず，準備のためにいろいろと歩き回ったり図書館で資料を漁ったりする必要がでてくる。また，参加者を集めるための広報もしなければ

9）2019 年 6 月現在で，すでに 3 回実施されている。

10）ウィキメディアコモンズ（Wikimedia Commons）はウィキペディアの姉妹サイトで，画像，動画，音声などのデジタルデータを可能なかぎり自由に共有するプラットフォームである。

ならず，その際には，このワークショップにはどのような意義があり，これに参加することからどのようなことを学べるのかを，しっかりと言葉で説明できなくてはならない。そしてイベントの主催者として地元の方たちと関わりあいが生まれることもある。筆者はゼミの活動の一環として学生が主体となってウィキペディアタウンを主催することによって，より意味のある学習機会を作りだすことができるだろうと考えた。学習機会としてのウィキペディアタウン運営の主なポイントを以下にあげる。

1）地域についての事前調査

ウィキペディアタウンで取りあげるトピックを選ぶには，トピックの候補としてどのような文化財があるかをあらかじめ調査しておく必要がある。その地域を実際に歩き回り，また資料を調べることで，結果として地域について一定以上の知識を深めていくことになる。

2）資料調査

十分な資料がなければ質の高い記事を書くことはできない。ワークショップの準備をすすめていく際には，図書館に何度も通い，リファレンスサービスなども活用しながら有用な資料をリストアップしていくことが必要となる。必然的に，ワークショップを運営する学生たちは図書館の使い方も含めて資料調査の経験を積んでいくことになる。

3）イベント企画

一般の方も参加可能なウィキペディアタウンを開催するには，日程と会場を決め，講師を手配し，定員やタイムスケジュールなどを設定していく必要がある。また本番中に円滑にワークショップを進めていけるよう，想像力を働かせシミュレーションをくり返さなければならない。イベントを企画，運営していく経験も積むことができる。

4）広報

ワークショップに十分な参加者を集めるには広報が不可欠である。ウェブ上にイベントページを作成したり，ポスターを制作して頒布したりということはもちろんのこと，ワークショップそのものにどのような意義があり，これに参加することでどのような体験や発見があるのかについてしっかりと説明できなくてはならない。

他にも地元の方とのかかわりや参加者とのコミュニケーションなど，ウィキペディアタウンを実施していくうちに，いろいろな経験を積み重ねられる。たんに参加するだけでなく運営側に回ることによって，ウィキペディアタウンはより包括的な学びの機会となる。とくに大学での教育において，主体的な学びや地域とのかかわりが求められる昨今の状況にあって，ウィキペディアタウンは格好の教育的装置となりうると筆者は考えている。

3　二松学舎大学でのウィキペディアタウン

2018 年度，二松学舎大学文学部の谷島貫太ゼミナールでは，ゼミの学生を中心メンバーとして計 4 回のウィキペディアタウンを実施した。一つは学内の学生を対象としたもので，イベント運営のノウハウを身につけることもあわせて目標とした準備的な意味合いも含めている。この準備を経た上で，一般の参加者を受け入れて 2 回，そして沖縄でのゼミ合宿で 1 回ウィキペディアタウンを実施した。以下，一般参加者を受け入れた二つの回と沖縄で実施した回を順に紹介していく。

1)「ウィキペディアタウン in 秋葉原　Vol.1」

学内の学生向けのワークショップを経て，2018 年 11 月 17 日（土）に一般の参加者を対象としたウィキペディアタウンを，秋葉原にある二松学舎大学のサテライトキャンパス「アキバラボ」を会場として開催した。ウェブでの広報は，イベント情報集約サービスの「Peatix」を活用して行い，あわせてチラシ，ポスターを制作し頒布した。

並行して東京都千代田区の千代田図書館を中心に資料の調査をすすめ，記事執筆の対象とするトピックの選定に入った。またトピックが確定した後は，午

図 9-1　Peatix サイトより 11)

前中に実施する取材を兼ねた街歩きの具体的なルート選定も行った。なお，イベント当日のスケジュールは以下のとおりである。

10:00 – 10:15　受付
10:15 – 10:50　イベント趣旨説明およびウィキペディアの編集についての解説

11）https://nishoakibalab.peatix.com/（最終確認日：2019 年 11 月 7 日）

10:50 - 12:00　フィールドリサーチ／記事用の写真撮影
12:00 - 13:00　昼食休憩
13:00 - 15:30　記事執筆
15:30 - 16:00　記事講評／振り返り
16:00　解散

当日は計 11 名の参加者を迎え，二つのチームに分かれ「神田青果市場」および「昌平坂」についての記事を執筆することにした。準備ワークショップと同様，講師には，ウィキペディアの管理者をつとめ，これまでも数多くウィキペディアタウンのファシリテーターをつとめてきた日下九八氏を迎え，はじめにミニレクチャーをお願いした。ひきつづいて，チームごとに事前に用意したルートを通って取材を行った。「神田青果市場」のチームには，祖父が市場で茶屋を営んでいたという地元の男性も参加し，オーラルヒストリーをうかがいながらの取材となった。昼食休憩を挟んで，午後から本格的な執筆を進めていっ

神田青果市場

出典: フリー百科事典『ウィキペディア（Wikipedia）』

神田青果市場（かんだせいかいちば）は、かつて万世橋の南に位置する神田須田町から始まった青物市場である。1928年（昭和3年）に現在の秋葉原UDXがある場所へと移転した[1]。神田市場、神田青物市場、多町青物市場とも呼ばれる。[要出典]

目次 [非表示]
1 沿革
2 歴史
3 出典
4 外部リンク

沿革 [編集]

神田の青物市場は慶長の頃、鎌倉河岸の北側の湿地を埋め立て、市街地をつくり「菜市」を開いたことに始まる。多町、須田町付近は交通の中心地で、しかも八ツ小路などの広場や空地があり、当時の神田川、平川など運河を利用した集荷の条件も備わっていた[2]。

秋葉原移転前の神田青物市場は、多町を中心にあった。多町は江戸古町の一つで、神田には22の古町があり、多町はその三番目の町だった。もともとは「田町」の表記で、この辺りは低湿地帯だったため、田を埋めてできた町と考えられる。慶長年間（1596～1615）に、田町一丁目（現在の多町二丁目）に江戸成立期からの草創名主である河津五郎大夫が青物（野菜）市場を開いたのが始まり。明暦の大火（1657年）後に、分散していた各所の青物市場が集められ大きく発展し、江戸幕府御用市場（特に、他の市場とは違い触元を申付けられていて、触元の承諾なしに他の市場は初物の売り買いができなかった）になった[3]。100年後の宝暦6年（1756年）には青物・果物問屋が152軒を数え、江戸期では最大に膨れ上がっている。明治以降は市場はさらに発展し、明治34年には青物・果物問屋が240軒、乾物店37軒、荒物問屋23件、荷車屋47軒、食い物屋12軒に。関東大震災後、復興事業の一環として、昭和3年（1928年）に貨物駅のある秋葉原に移転した。およそ270年間続いた[4]。

歴史 [編集]

- 1657年（明暦3年）旧暦3月2日- 4日 – 明暦の大火後に分散していた各所の青物市場が集められ、大きく発展した[5]。
- 1714年（正徳4年）2月 - 青物役所（神田多町二ノ三・区立神田小学校前）が設けられ、江戸城で消費する野菜の上納を命じられるようになる[6]。
- 1923年（大正12年）9月1日 – 関東大震災で壊滅。
- 1927年（昭和2年）6月5日 – 中央卸売市場法の発布に伴い、中央卸売市場建設計画の一部として本神田青果市場を神田山本町（秋葉原駅北西部）で起工する[7]。
- 1928年（昭和3年）11月30日 - 竣工[8]。
- 1928年（昭和3年） 12月8日 – 業務を開始[9]。
- 1928年（昭和32年） – 淡路町に「神田青果市場発祥の地」の記念碑が作られる[10]。
- 1990年（平成2年） – 青果市場は大田区に移転し、跡地は秋葉原UDXの再開発地となった[11]。

出典 [編集]

1. ^ 神田万世橋まち図鑑制作委員会『神田万世橋まち図鑑』フリックスタジオ、2014年、40頁
2. ^ 『千代田区史跡散歩』学生社,1992年,p.203.
3. ^ 千代田区区民文化部『千代田まち事典』2005年,p.77.
4. ^ 朝日新聞社会部『神田川』1982年.
5. ^ 千代田区区民文化部『千代田まち事典』2005年,p.77.
6. ^ 千代田区区民文化部『千代田区史跡散歩』学生社,1992.p.205.
7. ^ 『東京市青果市場年報.昭和7年度』東京市,1932年,p.1.
8. ^ 『東京市青果市場年報.昭和7年度』東京市,1932年,p.1.

神田青果市場発祥の碑

神田市場

秋葉原に移転した頃の神田市場。昭和初期

図 9-2　ウィキペディア「神田青果市場」12)

12）https://ja.wikipedia.org/wiki/神田青果市場（最終確認日：2019 年 11 月 7 日）

昌平坂

出典: フリー百科事典『ウィキペディア（Wikipedia）』

昌平坂（しょうへいざか）は、東京都千代田区と文京区の境界上にある坂である[1]。

目次 [非表示]
1 名称の由来
2 沿革
2.1 元昌平坂博覧会
2.2 文教地区の伝統
3 脚注
3.1 注釈
3.2 出典
4 参考文献

名称の由来 [編集]

江戸幕府第5代将軍の徳川綱吉は、学問や文化を振興する政策を進めた。その中で綱吉は、1630年（寛政7年）に上野忍丘（上野公園付近）の地に、幕府の援助のもとで林羅山の私塾として創建されていた聖堂を、移転拡張することを決定した。綱吉は上野の地には寺が多く、また林家の私塾扱いであった聖堂が狭隘であったことを問題視していた。移転拡張先として神田台の一角である湯島の地が選ばれ、1691年（元禄4年）に移転が行われた[2][3]。

移転後、聖堂は「昌平黌」と呼ばれることになったが、「昌平」の名は儒教の祖・孔子の故郷である中国山東省曲阜の昌平郷にちなんだものである。聖堂の移転直前の1690年（元禄3年）12月、移転予定の聖堂周辺の坂は綱吉によって「昌平坂」と命名された[4][3]。

なお、綱吉が命名した昌平坂が具体的にどの坂を指しているのかについては、はっきりとしない。記録上でも聖堂の下、前後の坂というものと、聖堂前後の坂としている文献がある[5]。後述のように聖堂の東側境界の、神田明神からまっすぐ降りる位置にあった坂と、聖堂の南側にある坂が昌平坂と呼ばれていたと考えられている[6]。

沿革 [編集]

第8代将軍の徳川吉宗による享保の改革の一環として、聖堂は武士以外の庶民にも儒学を学ぶ場所として解放された。しかし聴講者は少なく、聖堂自体もしばしば火災に遭って規模の縮小を余儀なくされた。転機となったのは松平定信による寛政の改革であった。定信は聖堂において寛政異学の禁と呼ばれる、朱子学以外の儒学各派の講義を禁止する政策を取った。1797年（寛政9年）には聖堂の名称を「昌平坂学問所」と変更し、これまで必ずしもはっきりと分けられていなかった林家と聖堂との関係を切り離し、昌平坂学問所を勘定奉行直轄の教育機関として、その位置づけを明確化した。そして聖堂の運営方針見直しの中で、1799年（寛政12年）に聖堂の敷地の大拡張と改築が断行された。この聖堂の敷地拡張に際して、神田明神からまっすぐ降りる位置にあった聖堂東側境界の昌平坂は聖堂の敷地内に収まったため、新たに聖堂東側境に位置するようになった坂が「昌平坂」と呼ばれるようになった。この新たに昌平坂と呼ばれるようになった坂は、もともとは「団子坂」と呼ばれていた[7][8]。

寛政年間に成立した『江戸志』によると「聖堂の前の坂をいふ」「詩家地名考曰、此地聖堂ニ有リ、故ニ魯ノ昌平ニ比ス。南郭ノ詩ニ昌平橋城門ニ北対スとあり」と記されており、遅くとも寛政年間には広く昌平坂と呼ばれていたことが確認できる[9]。

元昌平坂博覧会 [編集]

1872年（明治5年）3月から4月にかけ、湯島聖堂大成殿を会場として、文部省博物局により日本における最初の博覧会である「元昌平坂博覧会」が開催された[10]。

文教地区の伝統 [編集]

昌平坂学問所は江戸幕府直轄の教育機関として運営された。明治維新後も明治新政府のもとで、旧昌平坂学問所はまず昌平校、続いて大学校という教育機関として活用されたが、1871年（明治4年）には廃校となった。しかしその後も文部省の施設として活用されたり、東京師範学校や東京女子師範学校が開設されるなど、主に教育機関としての活用が続いた。江戸時代からの伝統を受け継ぐ文教地区の中

古跡 昌平坂の碑

現在の昌平坂

湯島聖堂と神田川のあいだの坂は、現在「相生坂（昌平坂）」と呼ばれている。

図 9-3　ウィキペディア「昌平坂」13)

た。図 9-2，9-3 が完成した二つの記事である。

記事完成後は，講師の日下九八氏による講評が行われた。今回は参加者に，ウィキペディア編集経験が豊富なメンバーが含まれていたこともあり，限られた時間内での作業としては非常に充実した記事が完成することになった。また，時間内では書ききれなかった部分については，イベント終了後にも参加者が継続して記事の編集作業をすすめていったことが編集履歴からうかがわれた。作成された記事の質も高く，そして参加者にも非常に楽しんでもらえたようで，ひとまずイベントは成功を収めたといえる。反省点としては，参加者のリテラシーが比較的高かったため，サポートの学生が少し手持ち無沙汰になってしまった，という点があげられる。このことから，次回からは様子をみて学生も一緒に編集作業に入ることも検討することにした。

2)「ウィキペディアタウン in 秋葉原　Vol.2」

2018 年 11 月に開催した第 1 回に引き続き，再び一般の参加者を対象とした

---

13) https://ja.wikipedia.org/wiki/昌平坂（最終確認日：2019 年 11 月 7 日）

ウィキペディアタウンを 2019 年 2 月 16 日（土）に秋葉原のアキバラボを会場として開催した。この回では前回とのつながりをもたせることも考慮し，記事を執筆する二つの項目の一つとして，前回作成した「神田青果市場」ともつながりのある「鎌倉河岸」をとりあげた。鎌倉河岸は，市場への物流を担保する重要な水揚げ場のひとつであった。またこの回では，事前に地元の方への取材も行った。広報は前回と同様に Peatix のサイトを用い[14]，チラシ／ポスターも制作した。資料の調査の結果，執筆する記事は前述の「鎌倉河岸」と「繊維問屋街（岩本町・東神田）」となった。

「繊維問屋街」チームの街歩きでは，看板建築で知られる岩本町の「岡昌ボタン店」の入口を見学していると，店内からご主人が手招きしてくれ，お店の歴史について直接いろいろうかがうことができる，といううれしいハプニングがあった。街歩きの醍醐味の一つである。昼食休憩を挟んで，チームごとに記事の執筆をすすめていった。図 9-4，9-5 が完成した記事である。

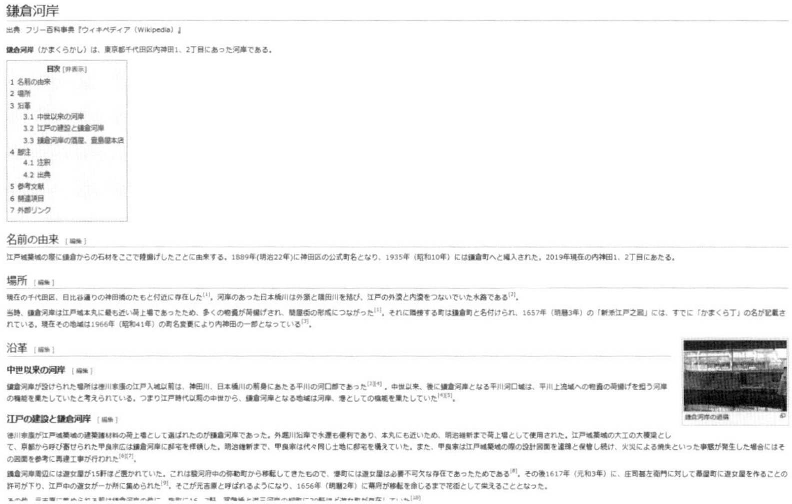
鎌倉河岸

出典: フリー百科事典『ウィキペディア（Wikipedia）』

鎌倉河岸（かまくらかし）は、東京都千代田区内神田1、2丁目にあった河岸である。

目次 [非表示]
1 名前の由来
2 場所
3 沿革
3.1 中世以来の河岸
3.2 江戸の建設と鎌倉河岸
3.3 鎌倉河岸の酒屋、豊島屋本店
4 脚注
4.1 注釈
4.2 出典
5 参考文献
6 関連項目
7 外部リンク

名前の由来 [編集]

江戸城築城の際に鎌倉からの石材をここで陸揚げしたことに由来する。1889年(明治22年)に神田区の公式町名となり、1935年（昭和10年）には鎌倉町へと編入された。2019年現在の内神田1、2丁目にあたる。

場所 [編集]

現在の千代田区、日比谷通りの神田橋のたもと付近に存在した[1]。河岸のあった日本橋川は外濠と隅田川を結び、江戸の外濠と内濠をつないでいた水路である[2]。

当時、鎌倉河岸は江戸城本丸に最も近い荷上場であったため、多くの物資が荷揚げされ、問屋街の形成につながった[1]。それに隣接する町は鎌倉町と名付けられ、1657年（明暦3年）の「新添江戸之図」には、すでに「かまくら丁」の名が記載されている。現在その地域は1966年（昭和41年）の町名変更により内神田の一部となっている[3]。

沿革 [編集]

中世以来の河岸 [編集]

鎌倉河岸が設けられた場所は徳川家康の江戸入城以前は、神田川、日本橋川の前身にあたる平川の河口部であった[2][4]。中世以来、後に鎌倉河岸となる平川河口域は、平川上流域への物資の荷揚げを担う河岸の機能を果たしていたと考えられている。つまり江戸時代以前の中世から、鎌倉河岸となる地域は河岸、湊としての機能を果たしていた[4][5]。

鎌倉河岸の遺構

江戸の建設と鎌倉河岸 [編集]

徳川家康が江戸城築城の建築諸材料の荷上場として選ばれたのが鎌倉河岸であった。外堀川沿岸で水運も便利であり、本丸にも近いため、明治維新まで荷上場として使用された。江戸城築城の大工の大棟梁として、京都から呼び寄せられた甲良宗広は鎌倉河岸に邸宅を拝領した。明治維新まで、甲良家は代々同じ土地に邸宅を構えていた。また、甲良家は江戸城築城の際の設計図面を連綿と保管し続け、火災による焼失といった事態が発生した場合にはその図面を参考に再建工事が行われた[6][7]。

鎌倉河岸周辺には遊女屋が15軒ほど置かれていた。これは駿河府中の弥勒町から移転してきたもので、港町には遊女屋は必要不可欠な存在であったためである[8]。その後1617年（元和3年）に、庄司甚左衛門に対して葺屋町に遊女屋を作ることの許可が下り、江戸中の遊女が一か所に集められた[9]。そこが元吉原と呼ばれるようになり、1656年（明暦2年）に幕府が移転を命じるまで花街として栄えることとなった。

図 9-4　ウィキペディア「鎌倉河岸」[15]

14）「ウィキペディアタウン in 秋葉原 Vol.2 ～2/16（土）開催！参加費無料！～」〈https://peatix.com/event/578555?lang=ja（最終確認日：2019 年 11 月 7 日）〉
15）https://ja.wikipedia.org/wiki/鎌倉河岸（最終確認日：2019 年 11 月 7 日）

繊維問屋街 (岩本町・東神田)

出典: フリー百科事典『ウィキペディア（Wikipedia）』

繊維問屋街（せんいとんやがい）は、東京都千代田区岩本町から東神田にかけて繊維や既製服などを扱う問屋が集まっていた一帯の通称である[1][2]。発祥は江戸時代中期といわれ、神田川沿いの「柳原土手」（やなぎはらどて）沿いに古着を扱う露店が多く店を開いていたことに始まる[1][2][3]。

明治維新後も古着を扱う一大市場として継続し[4]、古着市場としては、富沢町、村松町、橘町と並んで知られた存在であった[5][6]。第一次世界大戦後は和装から洋装への切り替えが進んだことに伴って、扱う商品が古着から新品の安価な既製服に遷移していった[1]。和泉橋の南詰には、「既製服問屋街発祥の地」という掲示板が存在する[1][2]。

目次 [非表示]
1 歴史
1.1 柳原土手
1.2 岩本町古着市場
1.3 既製服問屋街
2 脚注
3 参考文献
4 外部リンク

歴史 [編集]

柳原土手 [編集]

江戸幕府が開かれた慶長年間（1597-1615）に江戸城の鬼門除けに稲荷を祀り、柳を植え[7]駿河台から浅草橋までの土手を「柳原土手」という。もともとは武家地であったが、江戸時代中ごろから町人の町となる。それに伴い土手のそばには古着を扱う露店が多く立ち並び、古着の町として知られるようになる。[8]しかし、明治6年に柳原土手は取り壊され、広いスペースを持つ柳原通りに変わる。そして、新政府はこの柳原通りに「官製古着市場」と名づけ、以降古着取引の常設市場に指定される[9]。

岩本町古着市場 [編集]

江戸時代、江戸市中において古着商を営む者は3軒に限られ、この3軒のいずれかの許可を得なければ新たな開店が出来ない状況であった。江戸時代の後半から、柳原土手には町人や商人も住み始め、古着を扱う床店（居住しない仮設の店舗・露天）が集まるようになった。

明治になり、新政府が商業の自由営業を認めると、古着商を営むものが増えていく。当時、和服の古着は洗い張りし、仕立て直しをして、着られるだけ着るのが庶民の習いであった。明治30年代頃までは、庶民に新品を買うまでの購買力がなかったため、古着の需要が大きかった[10][11]。

新政府は明治6年に柳原土手を壊して柳原通りを整備した。明治14年6月、古着商162名が連署して古着市場を置くことを請願すると、政府は東竜閑町（現東神田1丁目）に「官製古着市場」を置くことを認めた。同年、運河の開削により久松町、富沢町、岩本町に分離したが、競争の中で岩本町が他を圧倒し、古着商が柳原通りに床店（居住しない仮設の店舗・露天）を並べるようになった。天候に関わらず午前6時から正午まで商売をした[12]。最盛期には400軒の古着屋が存在したというが、大正12年の関東大震災で大きな被害を受けると、床店は取り払われた[3][9]。

神田岩本町古着市場之図

既製服問屋街 [編集]

1923年（大正12年）9月の関東大震災でこの地区も大きな被害を受けた。また、震災復興の区画整理により、それまで営業していた古着の露天は取り払われた。さらに、第一次世界大戦後の洋服の急速な普及により、需要の中心が古着から洋服、特に廉価な既製服へ変わっていった。これらを要因として、この地区でも既製服を取り扱う店舗が増加し、既製服問屋街へと変貌していった[2][8]。

昭和初期には、ダンスホール併設の4階建てビルが建設され、流行の先端を行く街として賑わった[3]。しかし第二次世界大戦末期に空襲の被害を受けて、一帯は焼け野原と化した[3]。

昭和30年代には東京の衣料業界も復興を果たし、技術の革新も進んでこの地は既製服の生産中心地としてよみがえった[3]。ここで作られた既製服が日本全国でデパートなどのショーウィンドーに展示され、モードを発信する拠点となった[3]。最盛期に比べて数は減ったものの、この地の繁栄の礎となったのは古着の露店に源を持つ繊維業者たちである[3]。和泉橋の南詰には、「既製服問屋街発祥の地」という掲示

図 9-5　ウィキペディア「繊維問屋街（岩本町・東神田）」[16]

この回では，前回からの継続参加者に加え，新たにもう一人，ウィキペディア編集の経験を多くもつ執筆者に参加していただいたこともあり，両チームとも充実した記事を執筆することができた。また前回の反省を活かし，サポートの学生も積極的に記事の編集に加わった。後日，温かく対応していただいた岡昌ボタン店のご主人に「繊維問屋街」の記事を紹介しにうかがったところ，たいへん喜んでいただけた。記事の執筆が，地元の方にとってもうれしい貢献となっていることを改めて実感することのできた一幕であった。

3）沖縄県名護市嘉陽区でのウィキペディアタウン

二松学舎大学が所在する千代田区をフィールドとしたウィキペディアタウンに加え，筆者のゼミでは他の地域に出張してのウィキペディアタウンも実施している。その舞台となったのは，沖縄県名護市にある嘉陽区という，人口 60 人にも満たない小さな集落である。

16）https://ja.wikipedia.org/wiki/繊維問屋街_（岩本町・東神田）（最終確認日：2019 年 11 月 7 日）

①出張版ウィキペディアタウンのメリット

大学での教育・研究の一環としてさまざまな地域に出向いてフィールドワークを行なう際，しばしばその関係は一方的かつ一時的なものになりがちだ。限られた期間だけ滞在し，それぞれの作業を行なう「お客さん」でしかなかったり，あるいは交流が進められたとしても，残るものは心理的，心情的なものにとどまったりするケースも多い。これに対して私たちは，ゼミ合宿の一環としてウィキペディアタウンを導入することによって，一方的ではない，そしてしっかりと成果があとに残るフィールドワークを実施できるのではないかと考えた。想定されるメリットは以下の通りである。

・フィールドワークの舞台となる地域についての知識と愛着を深める。
　当該の場所をたんに見て回るだけでなく，あわせて地域資料を詳しく調べることによって，地域についての知識と愛着を深めることができる。
・その地域の情報を広く発信していくことに貢献できる。
　重要性を有しているにもかかわらず地域外にはあまり知られていない文化財についての情報をウィキペディアの記事として可視化する。
・ウィキペディアの記事を地域の人々との交流のきっかけとする。
　ウィキペディアの記事を入り口とすることで，地域の文化財や取材の経験などをもとに地域の人々とより円滑に交流していけるようになる。
・学生とその地域との長期的な結びつきを生み出す。
　ウィキペディアの記事が残りつづけることで，フィールドワークが終わり，また学生生活が終わっても，その記事を通して学生とその地域との関係性が続く。

このような想定をもって，４泊５日の日程で沖縄県名護市嘉陽区でのウィキペディアタウンを実施した。

②ウィキペディアの記事執筆作業について

沖縄での作業を迎えるに先立ち，事前に編集会議を行ない，執筆する記事の項目構成を議論した。結果として，大項目として「遺跡・記念物」「祭礼・行事」

「観光」「地理」を取り上げることとした。18名のゼミメンバーを四つのチームに分け，それぞれの担当項目を決めた上で，沖縄での作業に入っていった。

記事の執筆には，資料調査が不可欠である。資料調査の場としたのは，嘉陽区が位置する名護市の中心部にある名護市立中央図書館である。事前に司書の方に連絡し，ウィキペディアタウンの計画を伝えるとともに，作業用の会議室を予約した。本番では，フィールドワーク2日目の午前中に名護市立中央図書館での資料調査を行ない，必要な箇所のコピーを取った。その後，嘉陽区の公民館をお借りし，チームごとに分かれ現地取材および記事執筆をすすめていった。事前に決めた大項目に加え，交通や参考文献，外部リンクといった項目についても手分けして追加することにした。

ウィキペディアの記事を執筆する際には，文章と同様に写真等のデータも重要である。各チームは現地取材を通して写真撮影も行なった。これらの写真は，たんに今回作成される記事のなかでもちいられるだけでない。ウィキペディアの姉妹サイトであるウィキメディアコモンズにアップロードされたデータは，世界中の人が自由に利用できる共有財となる。嘉陽区の写真が誰にでも利用可能となるのだ。これも，ささやかながらある地域のオンライン上でのプレゼンスを底上げする作業である。

③地域住民の前での成果発表

今回のフィールドワークでは，ウィキペディアの記事を作成して終わりではなく，すべての作業を終えた4日目の夕方に親睦会も兼ねた成果発表会を開催した。60人にも満たない全住民のうち10名以上の方が参加し，学生たちはその前で資料調査や取材活動，そして最終的に執筆された記事について報告した。とくに反応がよかったのは，祭礼・行事について記述した箇所の説明だった。地元の人たちには馴染みの深い祭礼の言葉が，ウィキペディアの記事の記述のなかに登場してくるたびに歓声があがった。

成果発表後は，食べものと飲みものを用意し，ウィキペディアの記事を肴として学生と地域住民の間で和やかに交流が行なわれた。ウィキペディアの記事という共通の話題があることで，もともとは接点がない学生と住民たちとのあいだでも交流を深めることができたように思われる。

図 9-6　ウィキペディア「嘉陽」[17)]

今回のフィールドワークで作成された記事は，その後もウィキペディア上に残りつづけており，検索エンジンで「嘉陽」で検索すると必ず上位にヒットする。またウィキペディアの記事は編集可能であり，学生たちが作成した「嘉陽」の記事も，外部の執筆者たちによってすこしずつ手が加えられている様子が編集履歴からうかがわれる。嘉陽という場所が，オンライン上でも新たなかたちで存在しはじめているのだ。参加した学生たちは，ウィキペディアというサイトがなくならない限り，これからも自分たちが作成した記事を通して嘉陽という場所とつながることができる。

4　まとめ

ウィキペディアは，その信頼性については議論があるにせよ，さまざまな知識を共有するプラットフォームとして，なかば社会のインフラと化している。しかしウィキペディアという場所には，知識のインフラ以上の大きな可能性がある，と筆者は考えている。その一つが，ある場所や地域についての情報を核としたコミュニティを創造していく拠点となる，という可能性だ。ウィキペディアタウンというワークショップは，そうした可能性を探究する試みの一つ

17) https://ja.wikipedia.org/wiki/嘉陽（最終確認日：2019 年 11 月 7 日）

だといえる。そしてその試みは，大学という場所においても大きく輝きうる，というのが筆者の仮説である。とくに近年，大学は地域とかかわりをもち，研究・教育活動を目にみえる形で社会に還元することを求められている。この方向性が無条件に支持されるべきものかはわからないが，そこに前向きな契機を見出しうることもまた間違いないだろう。大学が地域とかかわりをもち，またそこに大学の知と実践を還元していく回路として，ウィキペディアタウンは大いに機能するはずだと筆者は確信している。

2018 年度に立ち上がった筆者のプロジェクトは，活動 1 年目を終え，本章を執筆している 2019 年現在，2 年目の半ばにさしかかったところだ。昨年度，プロジェクトの中心で活動していた 3 年生は，いまは 4 年生になっている。今年度の課題は，前年のノウハウをどのように後輩たちに受け渡していくかだ。筆者はこのプロジェクトを単発のものとしてではなく，ノウハウを蓄積，継承しながら継続させたいと考えている。さらには，他の大学のゼミでも取り入れることが可能な汎用的なプログラムとするために，マニュアルを作成することを計画している。それゆえ昨年度の成果は，まだ花が咲いたという段階ではなく，種子から芽が出ているぐらいの途中経過であるに過ぎない。そして，いろいろな環境下でもちゃんと花を咲かせることができそうな種子ができあがったら，次なる散種の段階に入っていきたい。

【文　献】

アカデミック・リソース・ガイド（2019）.『ライブラリー・リソース・ガイド』*25*.
日向良和（2016）.「図書館における地域資料の活用事例――Wikipedia Town in Tsuru 実施とスマートフォンアプリの作成」『都留文科大學研究紀要』*84*, 87–100.

第 10 章
文学を“散歩”する
文学をつうじた地域再編の試み

伊豆原潤星

「文学散歩」とは，文学作品にでてくる土地や文学者の足跡をたどる試みとして，現代に流通している言葉である。近年，「文学散歩」は，聖地巡礼ブームと重なりあうかたちで広く受容されている。また，それは「コンテンツツーリズム」という用語によって研究の対象にもなっている。本章では，実際の「文学散歩」の事例を取りあげ，「文学散歩」概念の変遷とそれにともなう文学受容のあり方の変化を明らかにしていく。さらに，現代の「文学散歩」がどのように地域と結びついて展開されているのか考察する。

1 はじめに：文学散歩とはなにか

「文学散歩」の起源は，1951 年 1 月 1 日に『日本読書新聞』にて連載を開始した野田宇太郎「新東京文学散歩」に求められる。「上野・本郷附近」に始まった連載は，「大川端」「早稲田・牛込」「高輪・麻布・麹町」「田端・向島」「武蔵野」まで毎月 1 回のペースで 7 月まで続けられた。野田は連載の初回で，以下のように述べている。

> 私はふと近代文学が歴史化される段階と云ふものを考へた。［中略］古きものは滅びる，それは自然の理であらう。［中略］もし滅び去つたものだとしても，滅び去つたものを知らなければ，生々流転の法理さへ，私には納得出来さうもない。さう思つて私はとある冬の日に，新しい東京の文学散歩を思い立つた（野田, 1951）。

野田は，敗戦後の焼け跡のなかで，文学を新たに基礎づけていくために，「文学散歩」を創始したのである。『日本読書新聞』の連載は挿絵や写真・地図を加えたかたちで刊行され，この本をきっかけとして「文学散歩」が一つのムーブメントとなっていく。これ以前にも，文学者の墓を巡る「掃苔」や歌碑めぐりなど，類似した試みはあったが，「文学散歩」という新たな名称が与えられることで，文学と現実空間を重ねあわせる試みが再発見されることになる。長谷川泉は，当時の状況を「角川文庫に増補訂正版がおさめられ，一種の普及本が出されるや，旬日にして書店の店頭から姿を消した」（長谷川, 1952）と伝えている。

しかし，どうやら野田が当初の段階で目指した「文学散歩」と，私たちが現在想起する「文学散歩」には若干の隔たりがあるようだ。『新東京文学散歩』初版の序文には以下のように記されている――「焼けあとの東京を歩いてゐるうちに，一つの事跡は他の事跡につながつてゆき，いつしかそれは近代文学史の形に似て来るのを私は知つた」（野田, 1951）。このように野田は，「文学散歩」を通じて文学史を形作ろうとしていたのである。

本の構成からもそれはうかがい知ることができる。『新東京文学散歩』は，森鴎外からはじまり，幸田露伴，夏目漱石と近代文学の黎明期が描かれる。このようななぞり方は，一般的な文学史とは少々趣を異にした野田版近代文学史といえるものである。敗戦後，新たな文学の樹立が叫ばれるなかにあって野田は「文学散歩」というかたちで，自らの文学観を示し，文学を再興しようとしたのだ。だが，『新東京文学散歩』がベストセラーになるとともに，このような野田の当初の試みとは異なる形で，「文学散歩」という語は一人歩きしていく。一方の野田自身も，文学散歩本のアップデートを重ねていった。1954年に出版された『東京文学散歩の手帖』には，大幅に写真が追加されたうえ，登場する文学者の略年譜・文学年表・地図が付されている。この書は，手帖と題されているとおり，読者が自由に書き込むことができるノートページをそなえていることが大きな特徴である。本を片手に散歩することが想定されているのだ。さらに同時期，野田は「文学散歩」バスツアーを行っている。このバスツアーは，野田自身がガイドとなって文学に関係のある場所をめぐっていくという新・『新東京文学散歩』とでもいうべきものであった。当初，野田が自らの文学史観を示すものであった「文学散歩」は，読者自らが文学を追体験するものへと変容していくことになるのである。

2　変化する「文学散歩」

先に述べたように，野田宇太郎が興した「文学散歩」と私たちの想起する「文学散歩」は趣を異にする。野田の「文学散歩」は文学者の旧居や文学に登場した場所をめぐることで文学史を再構築するものであったが，現在の「文学散歩」は主に文学に登場した場所を巡ることで文学の読解を深めていくものといえよう。『新東京文学散歩』以降，多くの「文学散歩」をテーマにした本が出版されたが，本節ではそのいくつかを例に「文学散歩」概念の変質について考えてみたい。

最初に，『新東京文学散歩』刊行6年後の1957年に出版された大竹新助『写真・文学散歩』を取りあげる。同書は，文学にでてくる場所の写真に感想を添えた章で構成されている。「あとがき」に「すなおな写真をと心がけ，足りないところは文章でおぎないました」「これは私の最初の写真集」（大竹，1957：3）とあるように，写真がメインの本である。それぞれの章末に，撮影したカメラ・絞り・シャッター速度が記されていることも写真集としての性格を強く打ちだしたものであろう。この本の特色は，上記の写真集としての「文学散歩」本ということに加え，志賀直哉が序文を寄せていることにある。志賀は「序」で以下のように述べている。

> この本は後になる程，その価値を益し，皆から喜ばれ，大切にされる本だと思ふ。露伴の「五重塔」の如き，大竹君が写した後で焼け失せたものであり，歳月を経ればこの上にも，かういふ場合がないとは云へず，今，かうして大竹君が写真にして残してくれることは後の文学研究者にとつて大変ありがたい事だと思ふ（大竹，1957）。

志賀直哉は，同時代の記録という観点に同書の価値を見出している。志賀は，歴史のなかで変化しつづける都市の瞬間的な情景を保存することで，後の文学研究者が文学を読解する際に役に立つと評価しているのである。文学の書き手が，小説内に登場する場所を訪れることで文学を深く読むことができるとして文学散歩を評価していることは興味深い。「文学散歩」が読者だけでなく書き手の意識にも浸透していた証左といえるだろう。

1970年代に入ると，雑誌の企画としての「文学散歩」が目立ってくる。ここでは例として『主婦と生活』を取りあげてみよう。『主婦と生活』は，1946年5月から1993年3月まで刊行され，『主婦之友』『婦人倶楽部』『婦人生活』と並んで，四大婦人雑誌と称されていた雑誌である。この『主婦と生活』1978年9月号に「江戸情緒を訪ねて　浅草文学散歩」という特集が掲載されている。浅草が選ばれたのは，当時NHKの連続テレビ小説「おていちゃん」の舞台が浅草であったことが大きい。

この番組は，平均視聴率43％，最高視聴率50％と大衆にひろく受容された番組であった。『主婦と生活』のような主婦を対象とした雑誌が同時期に浅草を取りあげるのは必然的な流れといえる。特集では，最初に浅草を舞台とした小説に触れながら，仲見世から鷲神社，浄閑寺，新吉原，駒形堂を歩くコースが紹介されている。この特集の特徴は，「浅草通り別イラストガイド」が付いている点である。このイラストガイドで紹介されているのは，あげまんじゅうで知られる「金龍山」や，うちわ・扇子専門店の「荒井文扇堂」といった食べ物屋・雑貨屋である。ガイドに割かれたページ数は，浅草が登場する小説の紹介よりも多い。「浅草文学散歩」と題されてはいるものの，単に文学に登場する地名を訪れるだけではなく，それに付随して街を観光することが期待されているのである。

『主婦と生活』は同年10月の『デラックス臨時増刊　'78秋冬の号』にも「東京文学散歩　老舗の味に江戸の名残を」という，小説に登場するお店を紹介する特集を載せている。扉には「そぞろ歩きによし，一軒一軒訪ね歩くのもまた，楽しい一日の思い出になることでしょう」（主婦と生活社，1978：141）と書かれており，「浅草文学散歩」よりも観光の側面が強調されている。このような観光としての「文学散歩」のあり方は，女性誌という雑誌特性を踏まえたものというだけでなく，「文学散歩」が街歩きの一つの方法として流通しはじめていたことを示している。初期の文学に出てくる場所を訪れるだけの「文学散歩」から，付随して周辺の名店を訪れ観光をするという商業的なものへと変容していくのである。

商業的な思惑と結びついた「文学散歩」とは裏腹に，先に志賀が述べていたような研究の方法としての「文学散歩」を確立させたのは，近代文学研究者の前田愛である。前田の一連の著作は，野田以降の「文学散歩」概念変容に大きく寄与した。前田は1986年，連載を元にした『幻景の街――文学の都市を歩く』を刊行している。同書のあとがきには，つぎのような記述がある。

> 野田氏の文学散歩は，作家の生誕地や育った環境を足で歩いて探索するところに興味の中心がおかれていた。この『幻景の街』は，むしろ作品のなかに描かれた都市を復原して行くところに狙いがある（前田，1986）。

このように，前田による「文学散歩」は，野田とは異なるものと明確に位置づけられている。そしてこれ以降，「文学散歩」によって文学を再読解しようとする試みが活発化していく。森鴎外『雁』の舞台となった無縁坂の言説史を丹念に分析した渡辺裕も，その影響について，「『幻景の街』の影響力の大きさは，多くの文学散歩のガイド本の中にそこでの観点が取り入れられるようになることに如実にあらわれている」(渡辺, 2017：139）と述べている。同書が書かれた1980年代は，高層ビルが立ち並び，都市の風景だけでなく居住空間・生活スタイルが均質化していった時代であった。そのような時代のなかで，前田は文学に描かれた都市を分析することによって，現実の都市を意味論的に再構築していこうとしたのである。このような姿勢は，均質化する街それぞれに個別の意味を与えようとする営為といってよい。都市そのものの均質化を阻むのではなく，都市生活者の街への見方を変えることで，新たな意味づけを行おうとしたのだ。前田にとって「文学散歩」は批評的意味をもっていたといえるだろう。

前田による試みは，「文学散歩」に新たな意味づけを行ったというだけでなく，当時，第一線の研究者であった前田が言及したということが大きな意味をもった。前田以降，「文学散歩」が研究の領野に持ち込まれることになる。つまり研究者が「文学散歩」の手法を積極的にもちいて，文学研究に取り組みはじめるのだ。とくに二松学舎大学は，大学として積極的に「文学散歩」の書籍を出版している。次節では，二松学舎大学の取り組みについて詳しくみていきたい。

3　二松学舎大学の事例

二松学舎大学は，2007年に出版された『二松學舍大学が案内する　東京都市文学散歩』を皮切りに，『奈良・京都　文学散歩』(2010年)，『神奈川　文学散歩』(2013年)，『東京　文学散歩』(2014年）の計4冊の「文学散歩」本を出版している。連続してこれだけの文学散歩本を大学が出版するというのは特異な例であろう。

二松学舎大学の文学散歩本の特徴は，古典文学から近代文学まで網羅していることにある。最初に出された『東京都市文学散歩』は，「古典文学を歩く」「近代文学を歩く」「都市文化を歩く」という三つの大項目に沿うかたちで構成されている。章ごとに，最寄り駅・コースの所要時間・お勧めの季節およびマップがつけられており，観光コースとして作られていることが特徴である。それだけでなく，多くの章で近隣のカフェや土産物屋にも触れている。「文学散歩」が観光としての側面を強くもちはじめたことは先述したが，二松学舎大学の「文学散歩」本もその側面をそなえているのである。

また，この本は二松学舎大学文学部国文学科の専任教員がそれぞれの専門分野や関心をふまえて執筆したという研究者による「文学散歩」本でもある。『東京都市文学散歩』は，これまで多く出版されてきた「文学散歩」本のストラテジーを踏まえて作られているといってよいだろう。それだけでなく，「あとがき」に「本学科の学問研究のガイドブックを兼ねたこの文学散歩案内」（二松学舎大学文学部国文学科, 2007：120）と記されていることからわかるとおり，「大学案内」としての機能をも兼ねている。「文学散歩」に「広告」という側面が新たに加わるのである。さらに，一般読者だけでなく大学生も対象としており，教育としての側面も帯びている。

『東京都市文学散歩』の中身をみてみると，文学がまずあり，それに登場する地名を訪れるという初期の「文学散歩」とは構成が異なっていることに気づかされる。『東京都市文学散歩』は，まず地名ないしテーマがあったうえで，そこを舞台とした文学が取りあげられるという逆の構成である。たとえば山口直孝が執筆した「金田一耕助が闊歩した街」という章は，題からも明らかなように，成城という街の存在が前提となっている。

この章は成城学園前駅の紹介から始まる。駅が登場する横溝正史の『女が見ていた』が取りあげられた後，商店街が紹介され，大江健三郎『静かな生活』について触れられる。散歩自体の出発点は駅の北側である。成城堂書店や成城大学の民俗学研究所が取りあげられ，休憩処としてサロン・ド・テ・アンジェリーナや成城アルプス，成城櫻子がおすすめされる。その後は，駅の南側へ行き，横溝正史『病院坂の首縊りの家』の舞台とされる病院坂，最後に東宝スタジオを訪れてコースは終わる。成城という街全体を歩きながら，文学に登場する場所に触れていくという構成になっている。「文学散歩」は街歩きの一つの方法となっており，町おこしとも親和性をもっているのだ。このような地域との結びつきは，次の『奈良・京都　文学散歩』からますます強まっていく。

『奈良・京都　文学散歩』は教員に加え，卒業生がコラムを執筆している。「編集後記」には，「これに続けて各地の文学散歩本を同窓生と共に制作していく計画である」（二松学舎大学文学部国文学科, 2010：142）と記されており，次の『神奈川　文学散歩』，『東京　文学散歩』にも卒業生が執筆者として参加している。これらの書では，対象地域の出身者を執筆者に据えており，同じ地域の出身者が集まることの多い中学や高校と異なり，さまざまな地域から多様な人材が集まる大学ならではの試みといえよう。対象地域の出身者が執筆することで，「文学散歩」に当事者性が生まれることになる。「文学散歩」を媒介にして，大学を中心点とした地域ネットワークが形成されているのである。二松学舎大学の例からわかるように，文学をつうじて地域を再発見・再評価する試みに，教育・研究機関としての文学部が果たすことのできる役割は大きいといえるだろう。

4　おわりに：現代における「文学散歩」

ここまで，「文学散歩」という言葉を流通させた野田宇太郎が文学史の再構築を目指したのにもかかわらず，本がベストセラーになることで「文学散歩」という語だけが一人歩きし，意味が変容していったことを確認した。「文学散歩」は，商業的な意味あいを帯び観光の手段と化す一方で，均質化していく都市に新たな意味を与えるための批評的手段となっていった。そして現在，「文学散歩」は散歩という語がクローズアップされ，街歩きの方法としてひろく受容されている。二松学舎大学による取り組みは，観光・研究・教育・広告・地域振興の五つの面を備えた「文学散歩」の現在の在り方が強く反映されたものである。このような取り組みは，地域とつながろうと模索する現代の大学の在り方とも結びついている。

最後に，新しい「文学散歩」の試みについて述べたい。二松学舎大学は，2016年，『東京の真ん中で迷子になるための文学MAP　二松学舎と歩く千代田区＋α文学散歩MAP』という地図を発行した。この地図は二松学舎大学を中心として千代田区の文学にまつわる場所を紹介したものである。折りたたむとB5サイズになる携帯に適したサイズのもので，表面に地図，裏面に場所の紹介が記されている。文学に登場する場所や周辺のお店，美術館・博物館に加え，出

1）http://www.fukushihoken.metro.tokyo.jp/walkmap/map/detail/sumida11.html（最終確認日：2019年9月4日）

2）『東京の真ん中で迷子になるための文学MAP　二松学舎と歩く千代田区＋α文学散歩MAP』（2016年発行）

版社の場所なども書き込まれた文学関係地図となっている。

地図としての「文学散歩」の試みといえば，グーグルマップを使用したものがある。たとえば，東京都保健福祉局のサイトにある「トーキョーウォーキングマップ」内の「向島を愛した文人たちの足跡を訪ねる文学散歩コース」などがある[1]。このコースはグーグルマップを利用して作られており，自身のスマートフォン等のグーグルマップアプリに取り込むことができる。東向島駅からスタートし，幸田露伴の住居跡や団子屋「言問団子」などを経由しながら本所吾妻橋駅に至るコースである。マップには大きな回り道や寄り道をすることのない最適なルートが示されている。最適ルートを示すことができるのがグーグルマップの強みである一方で，それ以外の選択肢は捨象されてしまう。ユーザーが見たいもの以外の無駄なものがグーグルマップを通した世界では見えなくなるのだ。

二松学舎大学の地図はそれとは対照的に「迷う」ことが目指されている。案内文に「地図はわざとラフに作成し，住所なども記入してありません。この地図を片手に積極的に〈迷子〉になって欲しい」[2]と書かれている通り，目的地に最短ルートで辿り着くのではなく，迷うことで思わぬ発見をすることが期待されている。ラフに作られた地図は，目的地だけでなく，自分自身が今どこにいるのかということさえも見失わせてしまうだろう。この地図を片手に歩くとき，文学をとおして世界をみることで現実空間が組み替えられるだけでなく，迷うことによって自身固有の新たな世界認識を手に入れることが可能になるのである。

「文学散歩」は，文学をテキストの上だけでなく現実空間で追体験するものから，テキストを通じて現実空間を再構築するものへと変化していった。そして，現代のグーグルマップ時代においては，文学と共に街を迷い歩き自身固有の意味を見出していくことこそ，「文学散歩」といえるのではないだろうか。

【文　献】

遠藤理一（2016）．「リカバー・ジャパン/ディスカバー・ジャパン――野田宇太郎の文学散歩と占領期の「風景」」『文化/批評』*7*, 3–21.

大竹新助（1957).『写真・文学散歩——本の中にある風景』社会思想研究会出版部
奥野健男（1989).『文学における原風景——原っぱ・洞窟の幻想　増補版』集英社
主婦と生活社（1978).『主婦と生活　デラックス臨時増刊　'78 秋冬の号　美しい 40 才からのスタイル集』
土屋　忍（2017).「「文学散歩」論——文学研究者による観光・ツーリズムのために」『昭和文学研究』*75*, 29–43.
二松學舍大学文学部国文学科［編］(2007).『二松學舍大学が案内する　東京都市文学散歩』戎光祥出版
二松學舍大学文学部国文学科［編］(2010).『奈良・京都　文学散歩』新典社
二松學舍大学文学部国文学科［編］(2013).『神奈川　文学散歩』新典社
二松學舍大学文学部国文学科［編］(2014).『東京　文学散歩』新典社
野田宇太郎（1951).『新東京文學散歩』日本讀書新聞
野田宇太郎（1954).『東京文学散歩の手帖』的場書房
長谷川泉（1952).「野田宇太郎著『新東京文学散歩』」『近代文学』*62*, 55–57.
前田　愛（1982).『都市空間のなかの文学』筑摩書房
前田　愛（1986).『幻景の街——文学の都市を歩く』小学館
舛谷　鋭（2018).「観光研究としての文学散歩」『立教大学観光学部紀要』*20*, 95–99.
松岡慧祐（2016).『グーグルマップの社会学——ググられる地図の正体』光文社
若林幹夫（2009).『増補　地図の想像力』河出書房新社
渡辺　裕（2017).「「文学散歩」と都市の記憶——本郷・無縁坂をめぐる言説史研究」『美学藝術学研究』*35*, 125–156.

第11章
地域と大学の連携による文学のコンテンツ化
倉敷市における体感型推理ゲームの制作プロジェクトを題材に

松本健太郎／飯田れな／西田京子／山本 尭

2018年11月10日・11日の両日，岡山県倉敷市で体感型推理ゲーム「名探偵　刑部大輔の事件簿」（以下，「刑部大輔の事件簿」）が開催された。これは二松学舎大学文学部に所属する学生有志が企画したイベントであり，現地で毎年おこなわれている「巡・金田一耕助の小径」の一環として催されたものである。

筆者たちが所属する松本健太郎ゼミナールでは，映像メディア領域における学びの充実を指向しつつ，アクティブラーニングおよびPBL（Project-Based Learning）のコンセプトに依拠した教育プログラムの構築をすすめてきた。2014年度にはPBLによる実践例の構築を企図して，二松学舎大学の教育改革プロジェクトに申請してそれが採択され，沖縄県本部町で「学生映画コンテスト in 瀬底島」を開催している。また2016年度には，特別事業費（「PBLと大学広報とを連携させるためのシステム構築，および映像メディアを活用した教育プログラム開発のための先端的研究の拠点構築」）を獲得し，それをもとにして，体感型推理イベント「刑部大輔の事件簿」を立案している。そして当該イベントを実現へと導くために，倉敷市観光課と連携しながら，また（学外の団体となるが，その形態のコンテンツを数多く手掛けている）PKシアター[1)]と連携しながら，文学部における教育活動や研究活動と整合性のあるコンテンツを学生主体で構築することが目標とされた。

またその運営体制として，松本ゼミを中心にメンバー募集をかけ，学生有志が協同するかたちで「メディア祭実行委員会」が設立された。本章ではそれ以後3年にわたって，倉敷市を舞台として継続的に開催されている体感型推理ゲーム「刑部大輔の事件簿」を事例としてとりあげながら，文学部におけるアクティブラーニングの可能性，あるいはPBLの可能性について考察を展開する。

1　体感型推理ゲーム「名探偵　刑部大輔の事件簿」の概要

岡山県倉敷市は横溝正史による『本陣殺人事件』が執筆された地であり，また，その舞台となった地でもあるが，現地でそれに関連した企画として実施されているのが「巡・金田一耕助の小径」である。当該イベントは2009年度にスタートし，2019年現在に至るまで継続している。その目的としては，横溝正史による小説の主人公「金田一耕助」に焦点をあて，倉敷市真備町を「名探偵，金田一耕助が生まれたまち」としてPRするとともに，備中地域を中心とした「金田一耕助」ゆかりの地を紹介することで，広域での誘客拡大につなげることが掲げられている。なお，2018年度の「巡・金田一耕助の小径」では，以下のようなコンテンツが用意されていた（当時のイベントポスターは図11-1を参照）。

◉ 2018年11月10日・11日
学生が作った体感型推理ゲーム「名探偵　刑部大輔の事件簿」（以下，「刑部大輔の事件簿」）
◉ 2018年11月23日～2019年1月31日
「名探偵　金田一耕助」ロケ地巡りスタンプラリー
◉ 2018年11月24日
コスプレイベント「1000人の金田一耕助」
オプションイベント「意見交換会」

以上のプログラムのうち，上述のとおり11月10日・11日に開催された「刑部大輔の事件簿」は，二松学舎大学の学生たちにより立案されたものである。なお，学生企画の「刑部大輔の事件簿」は2016年度の初公演以来，そのつどシナリオや会場を変えながら，年1回のペースで，すでに3回にわたって実施さ

1）PKシアターとは，ジョイポリスやとしまえんなどのアミューズメント施設で体感型推理ゲーム「逆転裁判」や体感型脱出ゲーム「サイコパス」を開催するなど，東京を拠点に数々の企画をオーガナイズしているクリエイターチームであり，映画監督，舞台演出家，役者，脚本家等から構成される。

図 11-1 「巡・金田一耕助の小径」のポスター

れている（2018 年度におこなわれた公演は，通算で 3 作目となる）。

ちなみに近年，若者たちのあいだで流行しつつある「体感型推理ゲーム」とは，プレイヤーが物語を構成するキャラクターの一人になって，提示される未解決の事件をフィールドに隠された証言や証拠品から推理するものである。推理にともなって徐々に進行する物語世界と，目の前で繰り広げられる現場とを往還しながら，その真相を暴きだす，新感覚推理アトラクションとして位置づけることができる。

それでは，学生企画として開催された「刑部大輔の事件簿」はどのようなものだったのだろうか。一例として以下，2016 年の初回公演時におけるその概要を紹介しておこう。

当時，会場として選んだのは倉敷美観地区にある「倉敷物語館」である[2)]。その推理ゲームのシナリオは，次のようなものである——とあるお屋敷で結婚式の前に花婿が死亡する事件が発生し，それを警察は初動捜査で自殺と断定した。そのお屋敷では見習いの探偵達による研修が実施されることになった。そ

2）第 2 回目にあたる 2017 年度の公演から，会場は倉敷市芸文館へと変更になっている。

図 11-2　倉敷物語館[3)]

図 11-3「刑部大輔の事件簿」オープニングの様子

こに先輩として送り込まれた都内の私立探偵「刑部大輔」は，事件の不審な点をみつけて見習い達に再捜査をうながす。来場者は物語世界の登場人物となり，用意された証言や証拠品のパネルを踏まえて，警察の初動捜査の矛盾を暴きだして犯人を発見する――その過程を楽しむのが体感型推理ゲームなのである。それは小説や映画などに表象される虚構世界のイメージを流用し，特定の物理的空間のなかでそれを模倣的に再現することで，受け手を「体感」的にその世

3）出典：https://www.kurashiki-tabi.jp/see/2288（最終確認日：2020 年 2 月 24 日）

界へと巻き込む仕掛けをそなえたコンテンツだといえる。

来場者は体感型推理ゲームにおいて，会場内を能動的に歩きまわり，事件の解決を目指す。他方で，学生たちは役者（探偵役，警部補役など）として演技し，また，事前に撮影された動画を駆使しながら，脚本にもとづくストーリーへと来場者をひき込んでいく。「刑部大輔の事件簿」は本来的には，「巡・金田一耕助の小径」に関心をいだく横溝ファン向け，あるいはミステリファン向けに企画されたものであるが，参加者にとってこの「体感型推理ゲーム」という形式は，事件とその解決を体感できる魅力的な機会になりうるわけである。

2 「体感型推理ゲーム」と「アクティブラーニング／PBL」

「アクティブラーニング」や「PBL」といった観点からすると，体感型推理ゲームの制作は，まさに学生による能動的な学び，あるいはプロジェクト型の学びに適した格好の題材になりうる。

それでは「アクティブラーニング」とは何か。2012年8月の中央教育審議会答申「新たな未来を築くための大学教育の質的転換に向けて～生涯学び続け，主体的に考える力を育成する大学へ～」を契機として，能動的学修を意味する当該概念は，大学教育の現場においてより一層つよく意識されつつある。それは，溝上慎一の定義によると「一方的な知識伝達型講義を聴くという（受動的）学習を乗り越える意味での，あらゆる能動的な学習のこと。能動的な学習には，書く・話す・発表するなどの活動への関与と，そこで生じる認知プロセスの外化を伴う」とされる（溝上, 2015：32）。彼はその著書『アクティブラーニングと教授学習パラダイムの転換』のなかで，「アクティブラーニングの研究や実践は1970年代～80年代より少しずつ増え始め，1990年代以降急増している」（溝上, 2014：3）と指摘している。そしてアクティブラーニング研究およびその実践をめぐる上記のような傾向は，現在においても継続しているといってよいだろう。

他方で，PBL（Project-Based Learning）とは何か。山田和人によれば，「プロジェクト型のチーム学習は，学生のアクティブな学びを誘発するための協調共感学習であり，学生相互の学び合う関係を学生自身が育てていくことによってチームの教育力が発揮される，学生の自律的な課題探求型の学びのスタイルである」（山田, 2012：103）とされている。じっさいに彼は自身が手掛けた同志社大学の初年次教育を説明するなかで，そのチーム学習を前提とするプロジェクトの企図を次のように説明している。

> これまで受験勉強の影響を受け，常に自分は解答者の立場であることがあたりまえだと思っている初年次の学生にとって検定問題を作るという体験は，自分が解答者の立場から出題者の立場に移行することを意味している。本授業では，そうした立場の逆転によって，学生の学びのパラダイムを転換することをねらっているのである。それは文学研究に即していえば，読者の立場から作者の立場への転換を意味しており，受け手から作り手への意識転換ともいえる（同書：82）。

PBL には，そのやり方によっては，学生のポジションを転換しうる潜勢力があるようである。解答者の立場から出題者の立場へ，または，受け手から作り手へ――山田が主張するその「意識転換」によって，学生たちは教育の場における能動的な主体として再構成されることになる[4]。そしてそのような「転換」は，横溝正史の作品をベースにした二次創作的なコンテンツの「作り手」になる学生たちにとっても大きな課題になりうる。

「刑部大輔の事件簿」の制作に際しても，実行委員会の学生たちは「作り手」として，受け手となる来場者の視点を想定しながら脚本を書き，チームで協同しながらプロモーション動画を撮影し，そして演技の練習をしながらコンテンツを完成させていくことが求められる。さらに学生たちは倉敷市の観光課の職員とやりとりをしながら，当日のタイムテーブルなどを仕上げ，また各種の媒体をつうじたプロモーションを展開していった。そしてそのようなコラボレーション

4）私たちはその端緒として，アメリカで 1980 年代後半からはじまった「大学教育のパラダイム転換」，すなわち「教員から学生への知識伝授」型授業から（「教員と学生がともに構築する」という前提での）「学生参加型授業」への転換を想起することもできよう（木野, 2012：158）。あるいは，学生を大学教育における客体＝受益者というよりも，むしろ，その主体＝当事者として位置づける近年の見方は，山形大学における「学生 FD 会議」の試みや，あるいは立命館大学における「ピア・サポート」の充実した試みなどに結びついているとも考えられる。

の経験は，個々の学生にとって，成長の機会を獲得するための重要な機会になる。

実際，本章の執筆者のひとりである飯田れなは，彼女が作成した報告書のなかで，プロジェクトの学生リーダーという立場から，体感型推理ゲームの制作チームの体制について次のように語っている。

> 今回のプロジェクトを運営するにあたって，私たちはスタッフを「脚本」「広報」「庶務」という各部署へと分割し，メディア祭実行委員会の中心メンバーである 3 名をそれぞれの部署のリーダーとすることで，細部の状況把握と課題の早期発見を可能にする体制を確立した。準備段階における情報共有に関していえば，全スタッフが参加している LINE グループをつうじて，各部署のリーダーが進捗状況に関する報告を定期的に実施した。[…] LINE による定期報告は，進捗の確認とスタッフの士気向上という点においては効果的であったが，各部署のリーダーが同時に報告をあげるため，部署同士が相互に連携している部分に関する情報共有がなされにくかった。この問題点に対しては，庶務と兼任してメディア祭実行委員会のリーダーも務めている私が全部署の報告を逐一確認して，見落とされているところや伝わりづらいところを各部署のリーダーに修正してもらう，という方法を採用した。

飯田による報告にもあるように，学生たちは体感型推理ゲームを制作するにあたって，それを実現するための組織や運営の体制を構築する必要があった。そして何か問題が発生した場合には，そのつどそれを検討し，課題を解決していく必要があったのだ。

体感型ゲームは，いまだに開発途上のコンテンツであることから，事前の段階でその準備に必要な作業や段取りがノウハウとして蓄積されているわけではなく，したがって，つねに変化する状況へ対応するための柔軟な姿勢が必要となる。そして状況によっては，役者・カメラマン・舞台芸術・広報など，さまざまな技能や志望をもつ学生たちの力をうまく組みあわせていくことも重要となる。そして，そのようなプロセスをつうじて，来場者を楽しませるコンテンツを「体感型推理ゲーム」という形態で構築していくことは，二松学舎大学

――とりわけその文学部――における新たなPBLの形態を模索するうえで有意義だとも考えられる。

二松学舎大学はかねてより横溝正史関連の資料を多く所有し，『横溝正史研究』（戎光祥出版）の刊行に際しては，文学部教授である江藤茂博・山口直孝両氏がその編集を手がけるなど，その研究拠点としての一面がある。これに対して体感型推理ゲームというかたちで，横溝正史の秀作をもとにその二次創作的なコンテンツを構築するという試みは，その前提として一次的なテクスト，すなわち，もともとある小説に対する深い読み込みを必要とする。それは，ひろい意味での「読解力」が試される場だといえる。横溝正史を愛好していた世代からは隔たっている学生たちがその新たな派生作品をうみだすという試みは，「巡・金田一耕助の小径」に含まれるコスプレイベント「1000人の金田一耕助」と同様に，横溝正史のアクチュアリティを問いなおす営為だといえるだろう。

3　「刑部大輔の事件簿」の実施事例

以下では，倉敷市での「刑部大輔の事件簿」公演の第1作目，2016年10月8日・9日における実施事例を紹介しておこう。体感型推理ゲームの開催に先立って，まず9月1日付の朝日新聞（岡山版）ではその紹介記事が掲載された（図11-4）。その後，倉敷市でのイベントに出演する学生スタッフ13名は，それを引率した教員（松本）とともに，前日の段階で夜行バスに乗車し，当日の

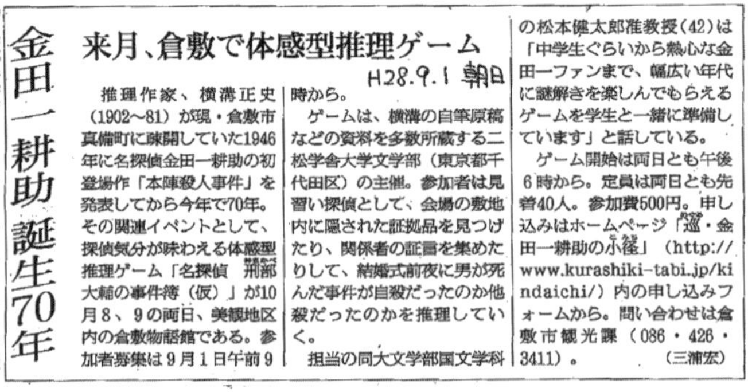

金田一耕助誕生70年

来月、倉敷で体感型推理ゲーム

H28.9.1 朝日

推理作家、横溝正史（1902～81）が現・倉敷市真備町に疎開していた1946年に名探偵金田一耕助の初登場作「本陣殺人事件」を発表してから今年で70年。その関連イベントとして、探偵気分が味わえる体感型推理ゲーム「名探偵　刑部大輔の事件簿（仮）」が10月8、9の両日、美観地区内の倉敷物語館である。参加者募集は9月1日午前9時から。

ゲームは、横溝の自筆原稿などの資料を多数所蔵する二松学舎大学文学部（東京都千代田区）の主催。参加者は見習い探偵として、会場の敷地内に隠された証拠品を見つけたり、関係者の証言を集めたりして、結婚式前夜に男が死んだ事件が自殺だったのか他殺だったのかを推理していく。

担当の同大文学部国文学科の松本健太郎准教授（42）は「中学生ぐらいから熱心な金田一ファンまで、幅広い年代に謎解きを楽しんでもらえるゲームを学生と一緒に準備しています」と話している。

ゲーム開始は両日とも午後6時から。定員は両日とも先着40人。参加費500円。申し込みはホームページ「巡・金田一耕助の小径」（http://www.kurashiki-tabi.jp/kindaichi/）内の申し込みフォームから。問い合わせは倉敷市観光課（086・426・3411）。（三浦宏）

図11-4　2016年9月1日付　朝日新聞（岡山版）より

朝に現地に到着した。以下では 2 日間にわたって開催されたイベントの流れ，来場者数，および，それに対するアンケート結果について報告する。

1）イベント当日の流れについて

イベントの実施日は 10 月 8 日および 9 日の 2 日間であった。なお，イベント当日のタイムテーブルは次のとおりである。

17：30　開場
18：00　開演・オープニング（10 分程度）
18：10　来場者による捜査開始（60 分間）
19：10　来場者による捜査終了・エンディング＆答え合わせ（10 分程度）

じっさいは準備に手間どったことなどにより 5 分程度の遅れがあったが，ほぼタイムテーブルどおりにイベントを進行させることができた。しかし初日は設問の難易度が思いのほか高く，参加者の回答状況を考えて 10 分ほど捜査時間を延長させた。ちなみに 9 日のイベントでは，最終問題までたどり着いた来場者はおらず，犯人を言いあてることができた回答者は一人だけだった。10 日はそれをあらかじめ勘案して，推理時間をはじめから延長することを決定し，オープニングの段階で来場者へは捜査時間を 70 分としてアナウンスした。

2）来場者数

本イベントの定員は，あらかじめ一公演につき 40 名として設定した。これに対して，イベントの来場者は 9 日が 27 名，10 日が 29 名であり，合計としては 56 名であった（それ以外に朝日新聞や山陽新聞の記者，さらには観光課職員の参加があった）。

定員に関しては，オープニングをおこなう倉敷物語館の会議室の収容人数（40 名）を根拠に設定された。このような大人数の来場者を相手にイベントをする経験はなかったので，学生にとっては良い経験になったともいえるが，他方ではいくつかの問題も発生した。たとえば，会場となった倉敷物語館には土足禁止のエリアとそうでないエリアが混在しているので，来場者が会場をまわる際，たびたび下足の着脱が必要になってしまい，下駄箱周辺が混雑してしまったことなどがあげられる。これは，のちに掲載するアンケートでも複数の来場者から指摘された点である。この点に関しては，二日目に靴の着脱回数を減らすように設定を変更するなどして対応した。

3）アンケートについて

イベント終了後には来場者に対して，あらかじめ設定された各項目にもとづいてアンケートに回答してもらった。その項目は次のとおりである（このうち

アンケート調査票

この度は体感型推理イベント『名探偵　刑部大輔の事件簿』にご参加頂き、誠にありがとうございます。
二松学舎大学、及びイベント実行委員会の更なる向上に向け、アンケート調査を実施することになりました。
様々な方からのご意見を参考にさせていただきたいので、ご協力くださいますようお願い申し上げます。

以下の質問事項について、あてはまる評価の □ にチェックを入れてください。

質問事項	評価				
	良い	やや良い	普通	やや悪い	悪い
問題の難易度は適切であったか	□	□	□	□	□
問題の解答時間は適切であったか	□	□	□	□	□

以下の質問事項にお答えください。

好きな作家、ミステリー小説等があればご記入ください

良かった点、満足された点

改善点、不満があった点

これでアンケートは終わりです。ご協力ありがとうございました。
なお、この用紙は慎重に保管し、今後の活動の参考にする以外の目的には使用いたしません。

図 11-5　アンケート用紙

1と2に関しては5段階評価での，3～5に関しては自由記述形式での回答を求めた）。

1　問題の難易度は適切であったか
2　問題の解答時間は適切であったか
3　好きな作家・ミステリー小説等があればご記入ください
4　良かった点，満足された点
5　改善点，不満があった点

アンケートをとって判明したことであるが，まずその回答の傾向が学生側の想定とおおきく異なっていたのは「3 好きな作家・ミステリー小説等があればご記入ください」に関してである。筆者たちとしては横溝正史のファンを想定してコンテンツを準備してきたわけだが，じっさいにその回答欄に記載されていたのは湊かなえや東野圭吾，綾辻行人など，近年活躍中の作家ばかりであった（他方で，横溝正史をあげたのはごく一部であった）。この客層のずれに関しては，おおくの来場者の属性が「ミステリファン」というよりも，むしろ「体感型ゲームファン」だったという点に由来していたと考えられる。これはゲーム進行中に参加者とした会話で明らかになったことであるが，参加者の多くはミステリファンであると同時に（あるいはそれ以上に）体感型イベントのファンであったのである。

また，家族連れは9日と10日の両日ともに2組ずつの参加があった。これに関しては，事前にその可能性を想定して，子供向けのスタンプラリーを用意していた。既述のように「刑部大輔の事件簿」はミステリファンに向けてのものであったが，じっさいにチケット販売の段階になると，家族連れでの参加を予定している人からの問い合わせが相次いだ。謎解きの難易度を勘案すると，体感型推理ゲームは必ずしも子供向けとは言い難いので，それとは別に，子供向けのコンテンツとして「なぞなぞスタンプラリー」を併設することになった（すべて謎を解くことができた場合には，お菓子などの景品を渡すなどの子供向けの工夫がなされた）。

子ども向けのスタンプラリーについては，アンケート結果によると，来場者にとってはおおむね好評だったようである。また現場で聞かれたものとして，スタッフの男子学生がスタンプラリーをつうじて子供の相手をしてくれたことで，両親がゲームに集中する助けになったという意見，あるいは子どもたちも遊んでもらえて楽しかったという意見があった。

以下では参考までに，アンケート中の「4 良かった点，満足された点」および「5 改善点，不満があった点」に関して，来場者による記述の内容をそのまま記載しておく（表 11-1）。

表 11-1　アンケート中の来場者による記述

○「4 良かった点，満足された点」に関するアンケート結果
・謎を次々解いていくうちに夢中になった ・スタッフが優しい ・時間設定がよかった ・時々声をかけてヒントをくれた点 ・子供にスタンプラリーを用意した点 ・あと一歩だった orz けど家族で楽しめました♪ ・ぎりぎり解けるか解けないかの時間設定がよかった。全部の伏線を拾いたかった…orz　あと一歩で犯人までたどり着いたのに…。 ・殺人現場が実際にあればリアルがあったかなと思いますが，楽しかったです。 ・学生さんたちが，親切だった。やっていて楽しかった。 ・とっても面白かったです。参加費用も良心的でうれしかったです（笑）また参加したいです☆ ・楽しかったです。ヒント教えてくれてよかったです。 ・最初に配られた何のヒントにもならなそうな証言に意味があり楽しかった。 ・スタッフが周りを観察し，適度にアドバイスし，進行をスムーズにしていた点。 ・とてもよく練られた内容だった。 ・実際に，謎が解けてから次に進めるので，ドキドキして楽しかったです。子供のなぞなぞに，やさしく教えてくださってありがとうございました。 ・解けなかったけど，簡単すぎても面白くないので，よかったと思う。 ・細かいところまで覚えていないと推理が行き詰まるところ ・ストーリーや現場検証が面白かった。 ・スタッフの方が頑張っていてとても楽しめました。星田さんがとてもよかった。 ・意外な犯人 ・少しでも解けたら嬉しかったし，楽しかったです。 ・久しぶりに頭を使いました。難しかったです。ありがとうございました。 ・演技が堂々としていて，臨場感があった。 ・犯人が捕らえられるときの演技がよかったです。ポニーテールを外す演出大好きです。探偵も肌がきれいでかわいくて金田一の若いころのようでよかったです。 ・役者さんがいてよかったです。楽しかったです。また企画して下さい。 ・パズル系かと思いきや本格推理で，皆さんの本格推理に対する愛が伝わってきて非常に良かったです。穴埋め形式も難易度調整としてよかったと思います。 ・問題は難しかったが，寸劇は楽しめた。

○「5 改善点，不満があった点」に関するアンケート結果

・時間がなく最後までできなくて残念
・靴を脱ぐ
・タイムキープとして，制限時間の表示，また，音楽を流してプレイヤーを焦らすといったギミックがあった方がいいかも。
・少し難しかった
・面白かった。改善点も見当たらない
・まだ誤字がある（推理 5 と 9）
・本当に琴とか和服の人とかいると，世界観が出るのに。
・もう少し正解者が出るくらいにはなるといいね。
・ちょっと難しかったです。
・難しかったです。もう少し時間がほしかったです。
・出入り時間のスケジュールでは人が動いていると分かりにくかった
・ヒントが少なすぎ。
・もう少し考える時間がほしかったです。
・スタート直後の証言を順番に写メ撮るのに時間がかかった。証言が二か所あってもよかったのでは？
・資料はすべて紙で配布してほしい（ガラケーなので）
・証拠は写真ではなく渡すのがいい。
・簡単な方もおられるでしょうが，もう少し時間がほしかったです。同じようなイベントがあればまた参加したいです。資料をスマホで見ると見づらい。
・事件を把握するのに時間がかかった。最初のお芝居の中で伝えてほしい。
・会場が狭く，移動が多く集中しにくい。写真が撮りにくい。座席を確保してほしかった。
・ないです。
・証拠品は紙でほしかったです。スマホ撮影に混みあっていたり，うまく映らなかったりともやもやしました。
・カタカナを入れる欄が分かりにくい。そこで時間をとってしまった。最初の問題は易しい方がいい。推理 5 ～ 7 は紙を分けないと。
・スタンプラリーやりたかった。

なお，本イベントに関してはその後，10 月 12 日付の山陽新聞に掲載された。学生たちがニュースバリューのあるコンテンツをつくり，それを大学広報の資源として転用するという特別事業費の目的からすると，今回の PBL による対外発信は一定の成果を収めたということができるだろう。

4　むすびにかえて：文学部的な PBL のモデル構築を目指して

筆者たちは二松学舎大学にて映像メディアゼミナールに所属しているが，プロジェクト型の教育プログラムである PBL は，映像制作やメディア教育の現場においても意義をもつ。八重樫文（2010：229）によると，そもそも従来から美術大学では PBL 的な教育が前提となっていたと指摘されるが，それと比較

図 11-6　2019 年度公演のポスター（筆者所有）

していえば，映像関連／メディア関連の授業やゼミナールでも，たとえばある文化事象や映像作品を理論的な視座から「俯瞰し分析するプロセス」だけではなく，同時にそれらを「体験し制作するプロセス」は間違いなく重要である。

これに関して今回のプロジェクトでは，近年流行しつつある「体感型推理ゲーム」の形式を採用しながら，また，横溝正史の作品を題材としながら，その二次創作的なコンテンツを学生主導で制作することを試みた。これによって本学の「映像・演劇・メディア専攻」での学びに適合した，あるいは「文学部」での学びに適合したアクティブラーニングや PBL のあり方を追求するにあたって，ひとつのモデルを構築することができたと考えている。

ちなみに体感型推理ゲーム「刑部大輔の事件簿」はその後も形をかえながら引き継がれ，2019 年度の公演で 4 作目となる。2019 年 10 月に開催が予定されていた公演は，接近する大型台風のためにいったん中止となってしまったが，リスケジュールのうえで 2020 年 1 月 25 日・26 日に開催される運びである。本章の筆者として名を連ねる飯田れな，西田京子，山本尭を中心としてメディア祭実行委員会を組織し，2019 年 11 月現在，イベントの成功に向けて準備をすすめているところである。

【文　献】

木野　茂（2012）．「学生とともに作る授業，学生とともに進める FD」清水　亮・橋本勝［編］『学生・職員と創る大学教育——大学を変える FD と SD の新発想』ナカニシヤ出版

松本健太郎ほか（2015）．「PBL を基盤とする大学のソフト・パワー形成に向けた試み——『学生映画コンテスト in 瀬底島』におけるその実践例をもとに」『二松学舎大学人文論叢』*94*, 89–113.

松本健太郎ほか（2017）．「文学部におけるアクティブ・ラーニングの試み——体感型推理ゲーム「刑部大輔の事件簿」を事例として」『二松学舎大学人文論叢』*98*, 64–85.

溝上慎一（2014）．『アクティブラーニングと教授学習パラダイムの転換』東信堂

溝上慎一（2015）．「アクティブラーニング論から見たディープ・アクティブラーニング」松下佳代［編］『ディープ・アクティブラーニング——大学授業を深化させるために』勁草書房

八重樫文（2010）．「デザイン教育の特徴を活かしたプロジェクト型授業の実践」小田隆治・杉原真晃［編］『学生主体型授業の冒険——自ら学び，考える学生を育む』ナカニシヤ出版

山田和人（2012）．「君は何ができるようになったのか——プロジェクト型チーム学習と初年次の導入教育」清水　亮・橋本勝［編］『学生・職員と創る大学教育——大学を変える FD と SD の新発想』ナカニシヤ出版

第Ⅳ部
「教育」から考える
持続可能な暮らし

第 12 章
地域と大学
大学の成立と役割の変容

江藤茂博

本章では近代的な学校制度の創設や，あるいは第二次世界大戦敗戦後の教育改革などにも触れながら，「大学」がいかにして成立し，また，地域との関係のなかでその「役割」が変容してきたのかを通観する。とくに「歴史的にもそうであったが，地域の要請は，設置される学部学科によく表れている」との見方に依拠しながら，1992 年のピーク時から 18 歳人口が半減している現在，地方大学がより地域密着型へと，あるいは地域の要請に応えた姿へと変容しつつある点を中心に考察する。

1 はじめに

この国で近代的な学校制度が出発したのは，1872（明治5）年8月の太政官布告第214号「学制」からである。ここではフランスの学制にならい，全国を八つの大学区に，そして各大学区を32の中学区に，また各中学区をさらに210の小学区に分けて，それぞれ学校を配置するというものであった。それ以前の江戸期の幕藩体制が，教育制度も含めて，「藩」という地域とそこを支配する武士階級とで成り立っていたので，「学制」により中央集権化された教育体制に移行したとはいっても，それは「藩」を基本とした「県」のもとで行われ，各学区は地域文化と教育制度の連続性を排除するものではなかった[1)]。そこには，明治新政府の財政難から，とくに地方においては小学区の学校は寺子屋など，中学区の学校は藩校などの，江戸期よりつづく教育機関にいずれも頼らなければならない事情もあった（江藤：2019a）。

地方の負担が大きかった「学制」以降も，1879（明治12）年の「第一次教育令」，1880（明治13）年の「第二次教育令」，1885（明治18）年の「第三次教育令」を経て，初等教育や中等教育の権限を地方に委ねながら，やがて帝国大学を頂点とした中央集権的な学校制度が作られていく。1886（明治19）年には「学校令」が制定され，「帝国大学令」「中学校令」「小学校令」「師範学校令」の各法令が公布・施行されたのである。このうち高等教育として，1877（明治10）年創立の東京大学が，この「帝国大学令」により，同年中に唯一の「帝国大学」となる。さらに1897（明治30）年，京都に帝国大学が設置されると，先の帝国大学は「東京帝国大学」と，地名を付されるかたちで改称される。こうして，高等教育と地域の関係は，まずは最高学府が設置される場所の問題として地方人に意識されたのである。このことは，地域の必要性や地域産業との結びつきではなく，最高学府をもつ都市としての格式を手に入れることが重要視されたということに他ならない。その意味では，札幌農学校が地域と結びついた学問領域を有した官立学校として，1907（明治40）年に東北帝国大学農科大

1）いわゆる「廃藩置県」のこと。明治新政府が新たな統一権力を確立するための中央集権化政策として，1871（明治4）年7月14日に実施された。

学の名称で札幌に開学するのは，他に例がないものといえるだろう。その後 1911（明治 44）年に，仙台にも東北帝国大学は開学し，また同年には福岡に九州帝国大学も開学する。そして 1939（昭和 14）年開学の名古屋帝国大学まで，国内外には 9 校の帝国大学（国内 7 校）が開学した[2]。

こうした各地の帝国大学は，必ずしも人口が多い都市での開学というわけでもなかったため[3]，以後の帝国議会では地方都市への帝国大学誘致の議論が多々生まれたようである。しかしそこには，「薩長土肥」各出身者による軍を中心とした「藩閥」への批判や対抗の心理がやや動いていたかもしれないが，とくに地域からアカデミズムが要請されていたというわけではないだろう。そもそも，「象牙の塔」とも揶揄される帝国大学というアカデミズムが，はじめから地域と結びつくとは思えない。帝国大学とは，ややポジティブな響きをもつものとして，「軍都」のなかの「知の桃源郷」として存在していたにすぎないのではないだろうか[4]。

2　戦前期の高等教育と地域

1894（明治 27）年の「高等学校令」では，それまで中学校制度のなかにあった高等中学校を高等学校に改組し，帝国大学入学のための予科としての 3 年制と，帝国大学進学とは別の系列の専門学科としての 4 年制という，二つの機能をもたせていた。本来はこの専門学科が，帝国大学のアカデミズムとは異なり，地域の要請と結びつくものであったはずだ。実際，1894（明治 27）年の第三高等学校の改組成立前後には，医学部[5]，法学部，工学部が設置された。しかし，

2）国外に開学された帝国大学は，現在の韓国ソウル市に設置された京城帝国大学（1924 年），現在の台湾台北市に設置された台北帝国大学（1928 年）の 2 校。このうち台北帝国大学は，1945 年 11 月に国立台湾大学と改称され，現在にいたる。

3）京都や福岡など。とくに福岡の人口は，帝大設置後に，長崎市，鹿児島市，熊本市などの九州各地の人口を超えていく。

4）ただし，「軍都」と呼ばれた都市に必ず高等教育機関が置かれるわけでもない。京都や福岡には帝国大学が，長崎には医科大学（旧制）が，新潟には高等学校（旧制）がそれぞれ設置・開学された。ある程度の規模の都市は「軍都」の機能も有するため，結果として高等教育機関の開学場所と重なるのだろう。

早くも 1900（明治 33）年には高等学校が大学予科としての改定が行われ，第三高等学校の 3 学部は廃止されて，帝国大学に入学するための学校となる。

この高等学校における専門部設置の痕跡をみると，医学部はもとより，工学部もまた地域の要請や振興と結びつくものであることは，その領域から想像がつきやすい。病院を母体にすることもある医学部は，当初より地域医療と結びつくのは当然である。しかし，高等学校制度による地域要請への対応は，この第三高等学校の学部廃止にみるように，制度的にはそこで終わってしまったのである。1894（明治 27）年の「高等学校令」とはすこし前後するが，文部省はすでに 1880（明治 13）年の「第二次教育令」「第五十条」において，「各府県ハ土地ノ情況ニ随ヒ中学校ヲ設置シ又専門学校農学校商業学校職工学校等ヲ設置スヘシ」[6] と，地域の状況に応じた学校の設置を謳っていたが，それもまた具体化するにはしばらく時間が必要だったようである。

一方，地域での教育活動に従事する小学校教員の養成を使命とする師範学校は，人材育成という意味でも地域と密接に結びつくものであった。教員養成でみると 1886（明治 19）年に「師範学校令」が制定され，国家管理の必要性から，いわば乱立していた小学校の教員養成が一律に制度化された。高等師範学校と尋常師範学校（1897 年より師範学校）とに分けて，全国に設置されたのである。もちろん前者の学校は，後者の学校の教員養成のために東京と奈良そして広島に設置され，後者の学校はこの期にほぼ全国の府県に配置されたのである。それは，地域と教育とが教員養成制度によって中央集権化されたことでもあった。

繰り返すと 1886（明治 19）年の「師範学校令」が，小学校教員の養成というかたちで地域の要請と結びつく。しかしいわゆる高等教育機関が，実質的に広く地域の要請に応じることになるのは，1903（明治 36）年の「専門学校令」を待たなければならなかった。それは，先にみた 1880（明治 13）年「第二次教育令」の「各府県ハ土地ノ情況ニ随ヒ」（「第五十条」）と結びつき，ようやく地域の要請に応えた専門学校が設置開校されていくことになったのである。1902

5）設置場所は岡山であり，後に岡山大学医学部の源流のひとつとなった。

6）「教育令改正（明治十三年十二月二十八日太政官布告第五十九号）」〈http://www.mext.go.jp/b_menu/hakusho/html/others/detail/1317967.htm（最終確認日：2019 年 10 月 18 日）〉

（明治35）年の盛岡高等農林学校，ほぼ同時期の東京や大阪・神戸そして山口や長崎に設置される高等商業学校，すこし遅れるが上田蚕糸専門学校など，多くの地場産業と結びついた教育機関が，20世紀の日本各地には設置されるようになる。やがてそれを補完するようなかたちで，都市部には私立の専門学校が設置開校されることになった。

これらの諸学校は，帝国大学以外はみな，私立大学と称する学校も含めて「専門学校令」に規定された専門学校だったのである。しかし私立大学は，他の公立大学や単科大学とともに，1919（大正8）年に施行された「大学令」によって，帝国大学を志向する大学に昇格していく（江藤：2019b）。第二次世界大戦後の1948（昭和23）年まで，大学（旧制）の認可は続くのだが，このことと地域の要請とが結びつくのは，地域医療のための病院をもっている国公私立の医科大学等だけであったようだ。角度を変えてみれば，地域が要請する大学相当の教育機関としてはまず医学と関係した医科大学からであり，その次に地場産業領域と関係した専門学校（旧制）がくる，ということになる。前者の医科大学等は医師免許などの資格取得の場としての役割が期待されていたことを考えると，地域の要請と結びついた教育研究は，後者の専門学校（旧制）の重要な役割だったといえるだろう。

3　戦後期の高等教育と地域

第二次世界大戦敗戦後の教育改革ではGHQの指導のもと，小学校から中学・高等学校そして大学という直線的な教育体系への移行を中心に，国家管理の教員養成師範学校の新制大学化ならびに一般大学学部での教職課程の設置が行われた。そのなかで，国公私立旧制学校の新制大学への申請転換の認定もあわせて行われた。各学校からの申請は大学設置委員会の審査を経て，文部大臣に答申されるものであった。1948（昭和23）年には，前年（1947年）制定の「学校教育法」による12の新制大学が発足した。それらは，東京圏と関西圏の私立大学を中心とするものであった。翌1949（昭和24）年には，新制国立大学としての申請が各旧制国公立学校からも提出されている。同年の申請は，国立大学40校，公立大学24校，他省の管轄大学3校，私立大学119校である[7)]。

帝国大学と関東圏および関西圏の旧制大学，そして宗教系旧制大学の設置申請の諸学部学科には，地域との関係性はあまり見受けられない。それは前身となる大学がアカデミズムを志向しているか，または宗派の後継者養成という使命を志向していることが，大きな理由であろう。しかし，専門学校（旧制）の新制大学への申請計画には，地域との関係性が旧制の学校の教育研究内容と同じように強く反映されていた。国立大学では，帯広畜産大学（帯広農業専門学校），秋田大学鉱山学部（秋田鉱山専門学校），信州大学繊維学部（上田繊維専門学校），鹿児島大学水産学部（鹿児島水産専門学校）など，公立大学では，山形農業大学（山形県立農業専門学校），北九州文化大学（小倉外事専門学校）などは，地域産業に貢献するための人材育成を目的とした専門学校（旧制）が，新制大学への転換を申請したものだった。

一方の私立学校でも，酪農大学（興農義塾野幌農学校），札幌天使女子大学厚生学部保健学科・助産学科（札幌天使女子厚生専門学校），東京実業大学交通学部鉄道学科（昭和高等鉄道学校），熊本国際文化大学文学部英文学科・中国文学科・露文学科（熊本語学専門学校），福岡商科大学商学部貿易学科（福岡経済専門学校）などの事例は，それぞれ特色をもつ地域産業に貢献する人材の育成が図られての，新制大学申請だったといえる[8]。

その他，どちらかといえば国立大学には設置回避傾向がある芸術系の学部学科や家政系女子向け高等教育の学部学科も，この時期に旧制学校から新制の私立大学として転換がはかられ，複数校設置開校されている。

もちろん，その設置場所がどこであれ，また国公立や私立を問わず，社会科学系の学部学科や医薬理工学系の学部学科の卒業生は，ひろく産業界での有為な人材として育成されたのは事実である。一方で，師範学校を母体とした新制大学の教育学部や学芸学部などは，やはり前身の時代を含みつつ，地域の教育者としての人材を育成しつづけた。各地方の医科大学（旧制）も，国公立私立

7）新制大学の申請についての資料は，日本教職員組合高等学校部（1948）.『問題中心　新制大学受験の手引』のデータを使用した。また，以下各大学に関する情報は，それぞれの大学公式ホームページからのものである。

8）なお，ここに挙げた校名が私立学校のすべてではなく，また，このなかには1949年時の申請では認められなかった事例も含んでいる。

表12-1　1960年代に開学した地方私立大学（各「年」表記は省略）

年	大学名
1959	愛知工業大学
1961	大阪電気通信大学
1963	相模工業大学，広島工業大学，福岡工業大学
1964	大同工業大学，中部工業大学，東北工業大学
1965	金沢工業大学，長崎造船大学，福井工業大学
1966	東京写真大学
1967	足利工業大学，大分工業大学，熊本工業大学，日本工業大学，広島電機大学，北海道工業大学，西日本工業大学
1968	第一工業大学

を問わず，同じく地域医療の従事者としての人材を育成した面が大きいのではないかと思う。

その後も，地域社会や産業と結びつきながら，地方の私立大学は次々に開学していく。1960年代の高度成長期の事例をあげれば，たとえば表12-1のようになる。このように，とくにこの期は時代を反映して私立の工業大学が数多く開学する。それぞれの学校には前身があったとしても，この時期の地域と産業界の要請によって，工業系私立大学開学が求められたことは間違いない。こうした大学群がおもに現場のエンジニア養成を目的としたことは，「実学」あるいはその類似概念による標語を大学案内に多く使用してきたことからも推察できる[9]。

ところで新制大学における文学部は，以下に述べる三つの時期に特有な要因とどれも重なったために，工業系ほど明確な設置開学の痕跡を残してはいない。

先にみたように，新制大学設置の第1期は1950（昭和25）年前後の，旧帝国大学や国立旧制単科大学とその他の高等学校と専門学校（旧制），戦前期からの蓄積をもつ宗教系学校などを中心とした新制大学化であった。これにより，戦前期の高等教育機関は，そのほとんどが4年制大学に移行することとなった。

次の第2期は，先の工業大学の開学にくわえて，女子学生の進学率上昇に合

9）たとえば，「実学」（北海道工業大学：現北海道科学大学），「実工学」（日本工業大学），「実践的」（西日本工業大学），「産業人の育成」（久留米工業大学）などの表現が，各大学で使われている。

わせた女子大学・女子短期大学を中心とした文学部の設置が特徴である。ただし，女子の進学率が高くなるのは大都市部でもあったため，設置された学校の多くはそこに集中している。1964（昭和 39）年に甲南女子大学，名古屋女子大学，1965（昭和 40）年に白百合女子大学，フェリス女学院大学，跡見学園女子大学，1966（昭和 41）年に神戸松陰女子学院大学，帝塚山学院大学，親和女子大学，徳島文理大学が，次々と開学する。名古屋女子大学以外は，みな文学部である[10)]。同じ 1966（昭和 41）年には，東京の共学校でも国士舘大学と桜美林大学とがそれぞれ文学部を設置している。この当時には，女性の社会的進出が望まれていない環境があり，そこにハイカルチャーとしての文学が流行していたことも加わって，文学部英文学科・国文学科の割合が高いのも特徴である。1960 年代の工業大学が男子を市場としたために産業界との接続が意識されたのに対して，女子大学を中心とした文学部設置にはそうした社会との接続の意識は薄い。そこには，経済的にも恵まれた豊かな大都市部出身者が女子学生層の中心であったことも関係したかもしれない。

そして第 3 期は，1990 年代の大学新増設ブームである[11)]。戦中戦後のベビーブームの時代に生まれた人々の子ども世代が 18 歳に届きはじめたことによる 18 歳人口増に[12)]，進学率の高まりが重なり，さらに大学増となったのである。

このように，さまざまな大学学部が全国各地に設置されていった。この間の大学数を文科省や受験雑誌などの資料を使って概数で並べるならば，1960（昭和 35）年までに設置の 227 校から 1990（平成 2）年までに設置の 457 校へと，30 年間で約 2 倍の数に推移した。さらに現在の大学数は，776 校を超えており，1960（昭和 35）年からの 60 年間で 3 倍を超える数へと推移してきていることがわかる[13)]。

10）名古屋女子大学は，当初は家政学部家政学科の設置であった。当該校における文学部の設置は 1988（昭和 63）年。また徳島文理大学は当時徳島女子大学で，大学には家政学部が設置され，文学部に相当する文科（国文専攻・英文専攻）は徳島女子短期大学に設置された。

11）大学の設置基準の緩和は，1991（平成 3）年の大学設置基準の大綱化によるもの。

12）18 歳人口のピークは，1992（平成 4）年の約 205 万人となる。

13）ここでは，旺文社（2019）のデータを使用した。

4 20世紀末からの高等教育と地域

新制大学の数が500校を超えた1990年代であるが，1991（平成3）年の「大学設置基準の大綱化」によって設置基準が緩くなったにせよ，大学の教員は，旧帝国大学および旧制大学系の，いわゆるアカデミズム志向の研究型大学院で教育研究指導を受けたものであることは変わらなかった。極端な表現を使うならば，国公立や私立を問わずに全国の大学学部では，大学教員たちによるアカデミズム志向の場が再生産されていくことになる。

地域の要請に応える人材育成を教育機関として標榜しても，教員のキャリアからいうならば，必然的に学会アカデミズムを志向せざるをえない。しかし，1991年の「大学設置基準の大綱化」によって，学部学科編成が従来の旧制大学の様式にとらわれなくなったことで，地域の要請に応える学部学科内容の設置がより可能となり，また実際に多様な形で登場する。従来は，地域に密着した学びを提供するのは専門学校（新制）の教育領域であったものが，進学率の上昇と1990年代以降の大学新設ブームにより，そうした専門学校も大学に改組されるとともに，既存の大学での学びの領域にも移行しはじめたのだ。

しかし，18歳人口は，ピーク時（1992年）の205万人から，2018（平成30）年には約半減している。進学率が約50%だといっても，私立大学の倒産に関する危機と現実とがたびたび社会的な話題となっている。そのために，各地方大学はそれぞれが置かれた状況に応じて，教育内容をさらに変化させることになる。それはつまり，中央アカデミズムあるいは東大型アカデミズム教育研究の地方移管型大学から，さらに地域密着型あるいは地域の要請に応えた地方大学に変わらなければならない状況となっているということだ。もちろん，地方の工業大学や社会科学系の学部学科は，当初よりそうした地域の要請には応えてきたのだ。ただ，大学の教員へのキャリアパスの多様化も含め，大学の教育研究のフレキシブルな組み立ては，やはり1991（平成3）年の「大学設置基準の大綱化」を待たねばならなかったのだろう。さらに現在，18歳人口が減少するなかで，入学者の授業料に頼らざるを得ない私立大学は，いわゆる経営の危機を迎えている。とくに人口の減少が著しい地方の小都市にある大学は，存続の危機を目前に，さまざまな改革を打ちだしている。そうした改革は，地域の要請と切り離すことはできないのである。

2000年代以降は，地方私大が生き残り戦略として，地域との結びつきをさらに強化してきた時代である。1970年代からの地方私学の経営危機というものは，アカデミズム志向の大学の教育研究が地域の実情に合わなかったことも一因であったと反省すべきものである。それでも，アカデミズム志向の教育研究は，1980年代以降も各地の私立大学の新設の基準となっていた。ただ，18歳人口の増加によってそうした問題点があまり目立たなくなった。しかし1992（平成4）年からの18歳人口の増加と進学率の上昇による高等教育の大衆化によって，地域の要請を無視したアカデミズム志向の教育研究は，地方の大学で成り立ちにくくなったのである。

歴史的にもそうであったが，地域の要請は，設置される学部学科によく表れている。とくにこのことは高齢化社会の現在，看護学部系に顕著であり，1991（平成3）年に11大学に設置されていた看護系学部学科は，2018（平成30）年には263大学にまで拡大している。この間，2010年代以降の看護系学部学科の新設は110大学を数えることができる。いかに急増しているかを知ることができよう。このうち，医療系の既設学部学科をもっていなかった私立大学が40%あり，そうした看護系学部学科の設置が時代の要請であり，さらに地域の要請でもあることがわかる。この110大学のうち，関東圏（東京・埼玉・神奈川・千葉）および関西圏（大阪・京都）に設置されたものと，それ以外とを比較した際に前者が半数を超えている状況は，地域人口の偏りによる地域の要請の強弱を反映しているのであろう。

いまみたように，地方の大学が地域の要請に応じて看護系学部学科を設置したことは間違いない。こうした大学の変化の姿は，たんに経営面だけに原因理由を求めることはできない。他県や他エリアからの入学者をあまり見込めない地方の大学は，学生確保のために，認可される範囲の中での集客力ある学部学科を求める。それは，地域の要請に応えた高等教育の領域での展開でもあるのだ。

5　まとめ

地域と大学との関係は，近代の高等教育における中央と地方との二層構造から生じたものとしても考えられる。一部の地方専門学校（旧制）が地域の要請を受け，また地域産業と連携を取った。地域にとっての必要性という観点からみて，旧制医学部は，各地域の医療機関の医師養成と結びついたし，師範学校は，各地域の初等教育学校の教師養成と結びついたと考えればわかりやすいだろう。また，医学系や教育系の他にも，日本の社会の高度成長期に応じる形で，地域の新制大学である社会科学系と工業系の私立大学が，その地域の産業人を育成する役割を果たすことになった。しかし，1991（平成3）年の「大学設置基準の大綱化」まではそうした地域の要請に応えながらも，そこでの教育研究は中央のアカデミズムを志向するものであっただろう。それは設置基準及び大学教員のキャリアからも読みとることができる。また，進学率の低さが，そうした志向を保持できたのである。

しかし，地域の要請に応えることを使命としてきた地方の大学では，今日の高等教育の大衆化のなか，さらに求められる教育の領域や多様な学生向けの教育の工夫が要求されているのも事実である。

ただし，こうした状況に問題がないわけではない。旧帝国大学系の有力大学を中心とした中央志向のアカデミズムは，地方の旧制大学系の有力大学にも広がっていることは間違いない。一方，旧師範学校系の教育学部は，地域の教育者養成という要請に応じて地域社会との連携をとってきたはずだ。地方の私立大学はそうしたアカデミズムと地域社会との連携のいずれとも重なりながら，さらにそれらを補うように，地域に貢献してきたのも事実である。それは先の看護系学部学科での人材育成の拡がりからもいえるのだ。

各地の大学での教育領域そして大学院の設置状況をみても，中央集権的なアカデミズムが，有力大学から地方大学へと強く結びついているのは確かである。ただ，地域要請に応じた設置学部学科ではアカデミックな領域との距離が離れてしまう傾向が生まれる。ここで離れてしまうというのは，もちろん学問の上下や質の問題ではない。近代日本の高等教育設置以来の中央と地方が求めたものの二層構造でもあり，これまでのいわば合理的な教育行政の結果でもあるだろう。そして現在でも，大都市や地方都市を問わず有力大学にアカデミズムと直結する学部学科が多いのに対して，地方の小規模大学にはスキル習得を重視する領域や応用科学と関連する学部学科が多いということだ。そのスキルや応用の領域にアカデミズムとの距離が生まれる傾向があるのだ。だが，アカデミックでない応用科学は存在しない。ここで何よりも重要なのは，地域の要請による応用科学と関連する学部学科であっても，アカデミックな領域との接続，そしてアカデミックな領域に向けての人材育成を怠ってはならない。地域の要請を直接に引き受けざるを得ない地方の小規模大学であっても，大学という高等教育機関であることの責任がある。

いわずもがなであるが，中央集権的な様相を避けられないアカデミズムは，また世界の大学や研究機関と連携をとるという責任をもつ。そうすることで，学問のネットワークは世界と結びつき，活性化することにもなる。ここでは，地方の大学と地域社会との歴史的な関係そして高等教育の大衆化における新たな関係を提示し，それと共に高等教育の責任を受け持つ大学として，世界のアカデミズムとの学問のネットワークを喪ってはいけないということも確認しておきたかったのだ。

【文　献】

江藤茂博（2019a）.「日本の中等学校における儒学文化――校訓・校歌表象から」王小林・町泉寿郎［編］『日本漢文学の射程――その方法・達成と可能性』汲古書院，pp.101–121.

江藤茂博（2019b）.「近代日本の文学部形成と「文学」概念」江藤茂博［編］『文学部のリアル，東アジアの人文学』新典社，pp.7–15.

旺文社［編］（2019）.『蛍雪時代　8月臨時増刊　全国大学内容案内号』

日本教職員組合高等学校部［編］（1948）.『問題中心　新制大学受験の手引き』ワーク・ブック社　巻末資料

第 13 章
大学の機能と社会
講義録，通信教育，公開講座[1)]

平崎真右／高嶋有里子

高等教育機関として形成されてきた大学は，いわゆる正課生としての学生だけでなく，ひろく社会に向けても教育活動を行ってきた。いわゆる「大学拡張／開放（University Extension）」と呼ばれるものだが，とくに私立学校は，帝国大学との制度的な格差のなかで，自らの文化資本としての「知」を商品として切り売りすることも経営戦略としてもっていた。それは正課生だけでなく，通信課程生，講習生，聴講生，校外生などの，別資格の学生・生徒を対象としたマーケットも開拓していく。

本章では，戦前期における通信教育前史としての講義録，戦後の新制大学の通信教育，公開講座などの歴史および役割を検証したいと思う。それらをとおして，大学が社会とどのように関わってきたのか，とくに私立大学を例にとりながらその一面を理解していくことにしたい。

1）本章の執筆にあたって，平崎は第 1・2・3 節を，高嶋は第 4 節を担当した。

1　はじめに：高等教育の社会的役割

近ごろは「人生100年時代」という言葉が，洋の東西を問わずに使われる機会が増えている。それは日本政府も積極的に言及している状況にあるが[2]，人々の健康寿命がのびるなか，そこにはさまざまな欲求や需要が生まれることになる。これを教育という領域からながめるとき，「学び」をめぐるいくつもの関数をみつけることができるだろう。たとえば，「公開講座」や「生涯学習」，あるいは「オープンカレッジ」や「大学エクステンション」などは，社会に浸透してすでに久しい。そこでは，学習者がさまざまに用意された学習メニューのうちから，その嗜好や目的にあった科目を選び，学ぶという状況が認められる。長い人生のなかでより充実した生活を送るため，さまざまな「学び」への欲求と機会がそこでは提供されることとなる。

その具体的な事例をいくつかあげてみよう。新聞社や放送局が提供する公開講座として，産経新聞社系の「産経学園」（1955年），毎日新聞社系の「毎日文化センター」（旧・毎日文化教室，1958年），朝日新聞社系の「朝日カルチャーセンター」（1973年），NHK関連の「NHK文化センター」（1979年），そして読売新聞社系の「読売文化センターユニオン」（1981年）といった規模の大きなものから，自治体が主体となった生涯学習講座などの類まで，「学ぶ」機会は多種多様に用意されている状況が認められる。同様に，大学が行う公開講座やエクステンションも，現在ではそれを行っていない機関をみつけることのほうがむしろ難しい。このように，私たちが生きる現代社会には「学び」への通路が豊かに開かれているのだ。

しかし，こういった「学び」への多種多様な機会提供という事態は，「人生

2）たとえば，厚生労働省HP「「人生100年時代」に向けて」「人生100年時代構想会議」など。本章の関心からは，「厚生労働省における対応」のうち「リカレント教育」という語が注目される。リカレント教育とは，義務教育や基礎教育を終えた後，生涯にわたって教育と他の活動（余暇や労働など）を交互に行うことを指す。働きながら学ぶ，学びながら働くという生活形態を指すことが多い。この文脈は，次節以下でみていくように「通信教育」や「公開講座」，そして「生涯学習」という概念へと接続することがわかるだろう〈https://www.mhlw.go.jp/stf/seisakunitsuite/bunya/0000207430.html（最終確認日：2019年7月7日）〉。

100 年時代」と呼ばれる昨今にばかり認められるものなのだろうか。あるいはまた，さまざまに提供される「学び」への通路にも，時代や実施主体によって異なる点はないのだろうか。これらの問題意識のもと，本章ではとくに大学という高等教育機関に対象を絞り，以下の観点から考えてみたい。

高等教育機関として形成されてきた大学は，いわゆる正課生としての学生だけでなく，ひろく社会に向けても教育活動を行ってきた。いわゆる「大学拡張／開放（University Extension）」と呼ばれるものだが，とくに私立学校は，帝国大学との制度的な格差のなかで，自らの文化資本としての「知」を商品として切り売りすることも経営戦略としてもっていた。それは正課生だけでなく，通信課程生，講習生，聴講生，校外生などの，別資格の学生・生徒を対象としたマーケットも開拓していく。

ここでは，戦前期における通信教育前史としての講義録，戦後の新制大学の通信教育，公開講座などの歴史および役割を検証したいと思う。それらをとおして，大学が社会とどのように関わってきたのか，とくに私立大学を例にとりながらその一面を理解していくことにしたい。

2　戦前期私立大学の「講義録」

日本における近代的な大学は，1877（明治 10）年に創立された東京大学を嚆矢とするが，大学という機関それ自体は，大正期に入ると私立の学校（以下，私学）にも門戸が開かれていく。すなわち，1918（大正 7）年 12 月に「大学令」が公布され，その 2 年後の 1920（大正 9）年 2 月に慶應義塾や早稲田が私立大学として昇格していく動きがそれだ。この両校の後は，同年 4 月に明治・法政・中央・日本・國學院・同志社の各校が大学に昇格するが，本節であつかう「戦前期私立大学」とはこれらの私学を指す[3)]。

いまみた私学は，もとは法律学校として設置されたものが多く目につく。早稲田・明治・法政・中央の各校，そして少し遅れて 1922（大正 11）年 5 月に大学へ昇格した専修学校の五つは「五大法律学校」と呼ばれ，近代日本の法律教育を先導してきたことはよく知られる。しかし本章では，これらの法律系私学が開学後のはやい段階でそれぞれに「講義録」を出版し，学外にも学生を求め

表 13-1　五大法律学校の講義録発行

校名 (旧称)	開学年月	講義録発行年月
早稲田 (東京専門学校)	1882 (明治 15.10)	明治 19.4 (直営化は明治 24.1 より)
明治 (明治法律学校)	1881 (明治 14.1)	明治 20.10
法政 (東京法学社)	1880 (明治 13.4)	明治 18.11
中央 (英吉利法律学校)	1885 (明治 18.7)	明治 18.9
専修 (専修学校)	1880 (明治 13.9)	明治 20.1

た学校であったことに注目したい。ここで発行された講義録こそ，近代日本学校教育史における通信教育の先駆けであるとともに，大学を外部に開いていく試みの導入でもあるからだ。

そこでまず，五大法律学校の講義録発行その他について整理してみよう[4)]。

表 13-1 にあげたように，いずれの学校も 1880 年代（明治 10 年代）に開学され，その後 5 年ほどで講義録を発行している。このうち，開学が最も後発となった中央（英吉利法律学校）が講義録発行に先鞭をつけ，他の学校もそれにつづいていったことがわかるだろう[5)]。

講義録発行の理由については，明治 10 年代の教育事情を踏まえておく必要

3）近代的な大学は，本文で触れたように戦前期においては官立学校からはじまり，私立大学は制度的に異なるカテゴリーに属している。つまり，東京大学をはじめとする官立学校は 1886（明治 19）年 3 月に制定の「帝国大学令」による設置であり，1918 年「大学令」公布の翌年（1919 年）に同法令は改正される。そのため，私立大学を規定する「大学令」とは法カテゴリーが異なることに注意。

4）「講義録」に関する各校の情報は，それぞれの学校史による。早稲田大学大学史編集所（1978），中央大学百年史編集委員会専門委員会（2001），専修大学（1981），明治大学百年史編纂委員会（1992），法政大学百年史編纂委員会（1980）。また，大学講義録に関する先行研究は，天野（1994），田中（1978）が参考となる。以下の記述は上の資料・論考によるところが大きいが，煩瑣を避けるため直接引用のほかは参照頁数を省略する。

がある。たとえば中央では，その開学当初に適切な教科書のなかったことが講義録発行の理由であるという（川島・高野，1905：13–14）。これも他校に共通する点だが，この「教科書不在」という状況は，明治初年代の教育事情がその背後に控えている。すなわち，「お雇い外国人」と呼ばれる外国人教師たちによる西欧の科学技術・知識の伝授が行われていたころ，とくに高等教育分野では，外国人教師による講義を外国語のままに受講し，外国語教科書を原書のままに講読することが常態であったことだ。

こういった状況下では，外国語に通じず，原書の読めない人々にはそれ以上の就学の道が閉ざされることになる。しかしその一方で，外国語の講義を受け，外国語で卒業論文を書いた学生たちが卒業すると，その次には彼ら自身が教師となっていく。そのもとで学生たちが日本語で卒業論文を書くことが認められはじめるのが，明治 10 年代半ばごろからのことだ。

およそこのような教育事情のなか，日本語をもって授業を行い，（外国語の）教科書をもちいない方法を打ちだす私学が登場してくる。その一部に法律系私学もあったわけだが，たとえば専修学校では明確に，「邦語をもって，法律経済の学を口授し，教科書を用いない」「変則教授」によって多数の人材を育成することが掲げられていた（専修大学，1981：293）[6)]。ただし，講師による授業を学生が筆記し，それを教科書としてもちいる動きがやがて起こってくる。それが校内だけではなく，校外へも頒布される動きが，つまりは講義録の発行として現れたのである。

それでは，先にみた法律系私学の講義録発行と学生数の状況とを，次の表 13-2 で確認しておこう。

表 13-2 では明治 20 年代半ばごろまでをあげたが，講義録の発行部数について不明点は多いものの，「校内生」と比べたとき，「校外生」および講義録が大きな割合を占めており，各校の経営面に講義録が大きな位置を占めていたこと

5）これら法律系私学による講義録発行は，明治義塾（1878 年創立）による動き（1884 年）を嚆矢とする見方もある。しかし同塾は同年中に廃校となり，その一部は英吉利法律学校へ受け継がれたことから，ここでは中央（英吉利法律学校）を先駆けとした。

6）ただし，すぐさま「邦語」だけで外国の法律を学習しようとすることには困難も生じたようであり，たとえば中央では，開学の翌年（1886 年）6 月には「原書科」を設置し，英書によって講義を行ったとある（川島・高野，1905：14–15）。

表 13-2　法律系私学の講義録発行と学生数の状況[7)]

校名 (旧称)	発行部数（部）／年	校外生（人）／年	校内生（人）／年
早稲田 （東京専門学校）	（不明）	1,992／明治 23 1,115／明治 24	744／明治 23 517／明治 24
明治 （明治法律学校）	（不明）	8,523／明治 20 7,504／明治 21 6,321／明治 22 6,518／明治 23	1,600／明治 20 1,262／明治 23 1,325／明治 25
法政 （東京法学社）	（不明）	660／明治 23 5,000／明治 25 8,500／明治 26	1,124／明治 25
中央 （英吉利法律学校）	23,000／明治 19	3,123／明治 21	2,462／明治 21
専修 （専修学校）	1,837／明治 20	1,458／明治 20 2,431／明治 21	471／明治 21

がみえてくるだろう[8)]。

ただし，このうち早稲田（東京専門学校）を除いて，各校の講義録（および校外生）事業は明治末年から大正年間にかけて後退していき，それぞれが大学へと昇格していったのを契機に廃止されていく[9)]。その理由には，資本主義経済の展開と教育法制度の整備が進んだ結果として各地域に中等学校や専門学校が設立されていくことや，用紙や印刷費の高騰を受けた講義録作成コストの上昇，および正規課程への入学者増による経営の安定化など，講義録と校外生の占めるウェイトの低下が考えられる。

ところで，各校の講義録が終焉を迎えていくなか，早稲田のみはひとり発行をつづけ，その事業を終えたのは 1958（昭和 33）年 3 月のことであった。早稲田の事業が長期にわたった理由はさまざまに考えられるが，ここでは同校が

7)「校外生」は学外で講義録を求めた非通学者を，「校内生」は学校への通学者をさす。

8) 法政では，1899（明治 32）年上半期の財産目録のうち，講義録による収入は 5,900 円あまりとなる。これは校内生の授業料収入（2,600 円）の倍以上，全体の 2/3 近くを占めていたという（法政大学百年史編纂委員会, 1980：150）。

9) 専修は 1895（明治 28）年，法政は 1916（大正 5）年，中央は 1919（大正 8）年，明治は 1921（大正 10）年前後に，それぞれ講義録発行および校外生制度を廃止していった。

「大学開放（University Extension）」の理念を実践し，講義録発行を学校事業のなかに明確に位置づけていたことに注目したい。早稲田の講義録事業の実質的な発案者であり当事者でもあった高田早苗（1860–1938）は，次のような回想を残している。

> 東京専門学校で我々が講義したものに筆を入れ，講義録の形にして毎月何度かに是を出版し，校外生を募集して其の雑誌を頒ち，質問を許して講義録の余白で答える事にしたならば，学校の教育が学校外の学生にも及ぶ事となり，大変具合の好い事になりはすまいかと考えた。是は其の前後に西洋でも工夫した人があって，所謂ユニヴーシチー・エキステンションの一方法となって居たのみならず，大分発達進歩した様である。［中略］ハーヴード大学のエリオット先生が我邦へ来た際，［中略］大学として校外教育を企てるのが其使命の一つであって，早稲田大学に於て然ういう計画が実行されて居るという事は，早稲田大学の進歩して居る一つの証拠であると賞めてくれられた。私が講義録を計画した当時，私は西洋に然ういう方法があるという事を少しも知らなかった（「八五 早稲田の講義録」）（高田，1927：192）[10)]。

高田の回想からは，講義録発行が当初より「ユニヴーシチー・エキステンション」の視点から行われたものではなかったことがわかる。しかし，講義録発行という事業そのものはすでに実践されていたのであり，「ユニヴーシチー・エキステンション」とは説明概念，つまりはその意味づけでしかない。

早稲田が自らの講義録発行を自覚的な「大学開放」として意味づけはじめた時期は，はっきりとしない。しかし少なくとも，1895（明治28）年1月から発行された『校外邦語文學講義』（東京専門學校文學部）については，『早稲田文學』（1895＝明治28.9）にそれが大学開放にならったものであることが宣伝されており，また1893（明治26）年8月から始められた「巡回講話[11)]」について

10）引用に際し，旧字体は新字体に，旧かなづかいは新かなづかいにそれぞれ改め，改行箇所はそのまま一つの段落として引用した。

も，1896（明治 29）年時点ですでに大学開放にならうものと述べられている（天野, 1994：28-29）。このように，明治 20 年代後半には「大学開放」としての意味づけが明確となっている[12]。

その後，日露戦争が起こると講義録の購読者数は減少し，大正期に入ると他の法律系私学が講義録を軒並み廃止していくことは先にみた。早稲田においてもその発行元であった大学出版部ともども営利事業として批判されるなど，事業存続のうえで浮沈をくりかえしていく。また，大正期の「大学令」によって私学が大学へと昇格する道が開かれて以降は，高等教育の専門化が進んだことで，これまでのように講義録の独学だけでは「専門知」に追いつけない状況も現れてくる。そのため，講義録そのものも各講義の「複製」であることをやめ，教養性，あるいは受験準備をうたう参考書としてのそれへと性格を変えることで，早稲田における講義録事業は継続されていくこととなった。

このような時代の推移により，学校という場では「専門知」が求められることとなり，それにともなって講義録の性格も変じつつ，しかしその受容は逓減していく。だが講義録の発行という出来事には，それまでは外国語でしか触れえなかった西欧由来の専門的な「知」について，それを学外で，しかも日本語として享受することのできる稀少なメディアであったという，歴史的な意義が認められるのである。ここには，外国語に閉じられた「知」を日本語に開き，あわせて，大学という「場」そのものも外部に開いていくという，二重化したエクステンショナルな意味づけを見出すことができるだろう。そのことは早稲田においてとくに自覚的であったが，これらの試みが前史となり，戦後にはまた別の動きがそこに加わっていくこととなる[13]。

11）各講師が地方におもむき講義・講話を行うもの。少なくとも 1920 年代半ばまでは行われたという。佐川享平「早稲田における校外教育と夜間教育の系譜【第 1 回】」〈https://www.waseda.jp/inst/weekly/column/2017/11/10/36260/（最終確認日：2019 年 8 月 12 日）〉

12）なお，『早稲田文學』もそのはじめ（第 1 期：明治 24 年 10 月創刊）は文学雑誌ではなく文学講義録としてあった。同誌が講義欄を全廃して評論欄を置き，時文や学説・作家の紹介など，文学的なトピックをあつかう誌面へと切り替わったのは第 2 期（明治 29 年 1 月）からである。この変化には，講義録については既刊のそれに任せ，『早稲田文學』が講義録とは異なる独自の媒体へと刷新された様子が読みとれるだろう。

3　戦後期新制大学の通信教育

1945（昭和 20）年 8 月に第二次世界大戦が終結すると，憲法をはじめとする日本社会の法制度全般は大きく変化していくが，教育については，1947（昭和 22）年 3 月 31 日に公布された「教育基本法」および同日公布の「学校教育法」が重要法規となる。

戦後教育の眼目の一つは，「教育基本法」第 3 条で掲げられた「教育の機会均等」にあるが，その理念を実現していくための領域の一つとして通信教育が設けられることとなった。この通信教育は，「学校教育法」第 4 条および第 45 条以下で規定されるものだが，そこでは国立私立を問わず，中・高・大学それぞれに通信教育課程が設置できることを定めている。この規定と，1947 年 7 月に創立した大学基準協会による「大学通信教育基準」（1948 年 3 月発表）とにのっとるかたちで，とくに私立大学が通信教育事業に乗りだしていく。具体的には，法政や慶應，中央，日本女子，日本大学らがそれだが，1949（昭和 24）年 2 月にはこれら五つの学校が「財団法人大学通信教育協会（現・公益財団法人私立大学通信教育協会）」を設立する。これらの学校は同年 4 月に新制大学となるが[14]，その通信教育課程も，1950（昭和 25）年 3 月には「学校教育法」にもとづく正規の大学として文部省に認可されるにいたった。ここでは，前節でみた法律系私学の一つであり，戦後の大学通信教育に先鞭をつけた法政大学を事例に，時々の世相にも目を配りながらその展開を跡づけてみよう[15]。

法政における通信教育計画は，はじめは独立した通信大学として構想されていたが，該案が文部省により退けられた結果，現存する学校法人内に通信教育部を新設することとなり，1947 年 2 月にその了承を得た。この翌月には先の「教育基本法」と「学校教育法」の公布となるが，通信教育部設置の折衝は文部

13）ここまでみてきた私学における講義録の発行は，もちろん法律系のみに限ったことではない。たとえば漢学系統としては，1887（明治 20）年創立の哲学館（東洋大学）が翌年からは早くも『哲學館講義録』を発行するが，その他の漢学塾（ex. 二松学舎：1877 年創立）でも同様の講義録は発行されていた。三浦（1998）を参照。

14）このうち，日本女子大学のみは 1948（昭和 23）年より新制大学へと移行している。

15）以下の記述は，法政大学百年史編纂委員会（1980）にもとづく。煩瑣を避けるため直接引用のほかは参照頁数を省略する。

省だけではなく，連合国軍総司令部（GHQ）の民間情報教育局（CIE）とも，同年 8–9 月にかけて会合がもたれている。その際，CIE 側からは積極的支持と好意的指導とを得たという。

アメリカ側からの支持と好意との文脈は，通信教育部の開講目的をみることでその一端を把握することができる。すなわち，通信教育部は「大学の拡張事業として［中略］人格の陶冶と民主的思想の涵養とに留意し大学教育の解放を図る」ことが掲げられ，とくに法学科をはじめに開講した理由は，「新生日本の社会生活基準たる法律が根本的に改革せられたのでこれを能ふ限り速かに徹底普及し文化国としての生長を推進するのに寄与したい」（法政大学百年史編纂委員会, 1980：688）ためであったことが謳われる。この目的と，その背後にある文脈とを勘案して言いなおせば，およそ次のようになるだろう。つまり，戦時中の非民主的な国家構造や運営方法などに対する反省（＝占領政策の趣旨）を踏まえ，新しい日本社会が民主的な文化国となるために，その人材（人格）の養成と法律の担い手とを供給することが，「大学解放」と結びつけられるのである。

ここで詳述はできないが，敗戦後の日本社会で試みられたさまざまな改革や実践はこの「民主化」がメインコンセプトに据えられ，通信教育もそれを推進するための方法として積極的に押し出された背景がある。その具体的な媒体には，映画・ラジオ・テレビといった視聴覚メディアがあげられ，たとえばラジオをもちいた成人教育としては NHK による各種放送がなされたが，これらも民主化教育をその目的としたものであった[16)]。

話を法政大学に戻そう。日本とアメリカ双方との折衝から設立された通信教育部は，まず法学部法律学科が 1947 年 10 月より開講される。その募集人員は本科 5,000 人（別科若干）であったが，入学案内の請求者はおよそ 20,000 人にのぼったという（正式入学者は 3,869 人[17)]）。ここでは募集人員に対して入学に関心を寄せる人の多さが目を引くが，法政より少し遅れて通信教育部を設置

16）古壕（2010）より要約。1948 年に放送開始の「ラジオの集い」は，CIE によって導入されたことが指摘される。なお，敗戦後の民主化運動を共有する動きの一つとして「社会科教育」や「コア・カリキュラム」などがみられることは，本書の第 15 章でも簡単に指摘している。

した慶應（1948 年 1 月開講）では，文学・経済学・法学の 3 分野で募集人員をそれぞれ 3,000 人（計 9,000 人）に設定し，日本女子（1949 年 1 月開講）では，食物学・児童学・生活芸術科で正科生 2,000 人，特修生 8,000 人を募集している[18]。

これらの数字は各大の校内生と比べたとき，大学通信教育では多くの学習者の獲得が見込まれていたことがわかる[19]。それは当然にビジネスチャンスの一面も意味しており，なかにはその機に乗じた「インチキ通信大学」も世相を賑わせていたことが新聞報道にみえる[20]。詐欺まがいの動向の顛末は不明だが，大学通信教育が盛行していた世相は，次の記事にもうかがえる。

> 働きながら大学を卒業できる通信教育制度も近ごろではずいぶん普及して，役人から新聞会社の重役，タイピスト，ダンサー，交換師，変りダネでは競馬の調教師，易者，尼さんまで学生層はスコブル廣い。そこで大学通信教育協会ではこのさい“教育の機会均等”を服装にまで具現，今後はこれら“見えざる学生”も所属校の学帽をかぶつていいことにした。この結果，慶応ボーイの例のツバ長帽子をチョビひげ立てた新聞会社の重役がかぶつたり，ふさのついた女子大の角帽をタイピスト師が膝にのせて通勤するといつた異風景が見られるわけ，こうなると角帽がかぶりたいばかりに通信教育学生になるものが出るかも知れん。[21]

17）なお，1948 年 10 月には，通信教育部に経済学部・文学部が開設され，募集人員は各 5,000 人，学生数は当該年度内に 4,183 人が増加したという（法政大学百年史編纂委員会，1980：691）。

18）それぞれ，『読売新聞』1947 年 11 月 2 日（朝刊），1948 年 12 月 1 日（朝刊）の広告欄より。

19）少し時期はくだるが，法政大学の文学・経済学・法学部（1・2 部合計）の校内生は，1951（昭和 26）年度は 8,144 人，次年度以降は，10,288 人，11,995 人，15,421 人と推移する。慶應義塾大学が新制大学として発足（1949 年 4 月）したさいの校内生の募集人員は，文学・経済学・法学部あわせて 4,800 人。日本女子大学の食物学・児童学・生活芸術科の校内生は，1956（昭和 31）年度は 837 人，次年度以降は，826 人，826 人，817 人と推移している。出典はそれぞれ，法政大学百年史編纂委員会（1980），慶応義塾（1968），日本女子大学学園史二編纂委員会（1968）より。

20）『読売新聞』1948 年 4 月 3 日（朝刊），「インチキ通信大学“文学士”で釣る　文部省実体調査に乗出す」。

記事中のアイロニカルな口調には，通信教育学生も一般学生と同じような扱いを受けたい（だろう），とみなす視線がまとわりついている。今はその心性史や文化史をさぐるものではないが，1949 年夏以降，大学通信教育協会の活動によって通信教育学生にも日本育英会の奨学金貸与が始められたことや，鉄道運賃の学生割引（1950＝昭和 25.6），勤労学生の所得税控除（1951＝昭和 26.3）などが適用されていく動きは，通信教育学生が一般学生の水準に近づいていくための制度的な後押しであったといえよう。ただし，この時期の通信教育学生の増加要因にはもう一つ，1949 年 5 月に公布された「教育職員免許法」が大きく関わっている[22)]。最後にその点を素描しておこう。

上記の法律が施行されたことで，全国の小・中学校の教員のなかに教授資格をもたないものが生じることとなった。そこで彼らを有資格者として再教育するための教職課程を，法政大学では 1950（昭和 25）年 9 月に設置する。これにより，通信教育部の学生在籍者数が急激に増加するが，その推移を示せば表 13-3 になる。教職課程設置（昭和 25 年）以降，増加率の上昇が明らかだろう。

ただしこれも一時的な現象であり，教職免許取得者が増加していくにつれ，全体の学生数は減少する。しかしその反面で，教員以外の職業に従事する通信教育学生数は微増傾向をみせていく[23)]（昭和 31 年：3,826 人，昭和 32 年：4,927 人，昭和 33 年：5,593 人，昭和 34 年：5,613 人）。

表 13-3　通信教育部における学生在籍者数の増加

年度	学生数（人）	年度	学生数（人）
昭和 22	3,869	昭和 26	12,321
23	4,183	27	12,216
24	6,547	28	23,508
25	9,533	29	28,648

21）『朝日新聞』1949 年 4 月 25 日（東京・朝刊），「青鉛筆」。引用に際し，句読点を補うとともに，改行箇所はそのまま一続きに記載した。

22）法政大学においては，1949 年 7 月から募集を開始した「科目別履修生」制度の反響も，通信教育部隆盛の要因となったという（法政大学百年史編纂委員会，1980：692–693）。

23）職業の内訳は，事務一般，公務員，農林業，現業員，自由業，公共企業体，商工業，無職，その他。

このような推移から,「「教育の民主化」と「教育の機会均等」という戦後教育の根本理念を高くかかげてきた大学通信教育制度は，一〇周年を一つの区切りとして「転換期」に入った」「大学通信教育の果たしてきた歴史的な役割と啓蒙的任務は，昭和三〇年代の前半で終わりをつげたともいうべき」(法政大学百年史編纂委員会, 1980：697–698）と回顧されるが，戦後の通信教育に期待された「民主化」や「機会均等」というコンセプトがどこまで達成されたか，にわかには判じがたい。しかし後者の「機会均等」というコンセプトは，昭和 30 年代の高度経済成長を受けた企業による職員再教育や，大学・短大卒業者の再学習の場としての利用，40 年代には主婦層による通信教育への就学増加や，小学校・幼稚園の教員養成の盛行，そして続く 50 年代には「四年制昼間大学の「第二・第三学部」的な，もしくは「予備校」的な性格を帯びてきている」(法政大学百年史編纂委員会, 1980：701）との分析を鑑みるとき，確実な広まりをみせてもいる。

少なくとも，時代を経るごとに通信教育に求めるものが変遷しており，それに合わせて「学び」の内実や位置づけも変化していることがみえてくるだろう。その変化と呼応するようにして,「学び」の形態も通信教育に限らない，さまざまな場や方法が模索され，提供されていくのである。その一つの表れが,「公開講座」である。

4　戦後期大学の公開講座

大学による公開講座は，その前史的な形態をたどれば第 2 節でみた早稲田大学の「巡回講和」や，上智大学が 1913（大正 2）年の創立時よりはじめた語学講座（夜間学校によるドイツ語，英語講座）などがあり，はやくは 1884（明治 17）年に東京大学を会場とした講座の公開などが認められる[24)]。ただしその内容は「炭素の変化」(1884 年 5 月 29 日),「水の分析」(同年 6 月 12 日）など専門的な内容が多く，明治中期以降には一般学者の講義傍聴許可を求める声もみ

---

24)『読売新聞』1884 年 5 月 29 日ほか。以下の記述は，『読売新聞』に報道された記事にもとづく。括弧内の日付は新聞発行日を示す。

られるなど（1901年9月7日），公開という言葉は使われるにせよ，どちらかといえば閉鎖的な印象がある。

しかし時代が大正期を迎える頃には，一般向けの講座を開設する動きが起きてくる。それは大学が独自にという以上に，文部省が主体となり各地で開催された講座と同期するものとして観察される。

この文部省が開催した公開講座の趣旨は，正規の学校教育を受けることのできない成人への教育機会（「成人教育」）を提供するものであったことが，当時の新聞記事からわかる。1923（大正12）年10月に大阪で開催された講座を皮切りに，東京，熊本，岡山，浜松，新潟，盛岡，小樽など各地で講習会が開かれていくが（1925年6月10日），その内容には，歴史地理，文学，英語をはじめ，電気工学や農業化学，さらには育児や食物など，多様なメニューが用意されていた。受講者には，教員や官吏，銀行員などのほか，大工・左官，質屋，宿屋，給仕，床屋，郵便配達人といった幅広い層がみられ，全国での受講者数は3,383人ほど，そのうち2,559名が修了書を付与されたという（1926年2月21日）。

この成人教育の眼目には，先にあげた教育機会の提供のほか，「普通選挙法」（1925年5月）の公布準備としての意味合いも指摘できる。当時の，いわゆる「大正自由主義」や「大正デモクラシー」といった社会思潮に棹さす「婦人」をめぐる議論（婦人参政権や男女共学，婦人解放など）に対し，「ほんとうに眞面目な理解をもつてゐる婦人が割合に少い」との認識のもと，文部省が婦人への成人教育に力を入れていたことが紙面よりわかる（1925年3月17日）。それらは総じて「公民としての教養を豊かならしめ」（1925年6月11日）とも語られるが，文部省開催の講座が各地に設けられる以外にも，日本女子大学がそのキャンパス内で無料講座（夜学）を開催し（1925年4月17日），東京市内の各学校（東京帝大，本所高等学校ほか）で成人教育講座が開かれるなど（1926年10月6日），学校教育機関もその流れに関わっていくのである[25]。

戦前期には，以上のように文部省を筆頭としながら各地の自治体や大学を巻

25）なお，普通選挙の円滑な機能を目的とする成人教育を提唱した文献に，石田（1925）がある。

き込むかたちで講座が開設されていく。終戦後，アメリカの教育使節団が「米国教育使節団報告書」（1946年）を作成した。そのなかには成人教育のために校舎を開放することを指摘している[26]。また同年，文部省は「大学専門学校聴講生ニ関スル件」を通達し，一般人にも大学の講座を聴講できるように指示をした。さらに，学校教育法（1947年）の第107条「大学においては，公開講座の施設を設けることができる」と定められ，さらに社会教育法（1949年）の第48条においても社会教育のために大学で講座を開設することができると定められたことにより，大学を開放する動きはすすんでいった[27]。

この時期に観察できる公開講座の早い事例としては，1948（昭和23）年に新制大学となった立命館大学による「立命館土曜講座」（1946年3月）がある。その趣旨は，当時の学長であった末川博（1892–1977）の言葉を踏まえて以下のように語られる。

> （注・末川は）「学問や科学は国民大衆の利益や人権を守るためにあること，学問を通して人間をつくるのが大学であり，大衆とともに歩く，大衆とともに考える，大衆とともに学ぶことが重要」であると提唱し，大学の講義を市民に広く開放し，大学と地域社会との結びつきを強めることを目ざして設けられました。[28]

「立命館土曜講座」は現在にいたるまで継続され，大学公開講座の最長を誇るとされるが，しかし，実際に各大学で公開講座が盛んに開かれ始めるのは1970

26）http://www.mext.go.jp/b_menu/hakusho/html/others/detail/1317998.htm（最終確認日：2019年10月3日）

27）「社会教育法第48条（社会教育の講座）」
「［略］その教育組織及び学校の施設の状況に応じ，文化講座，専門講座，夏期講座，社会学級講座等学校施設の利用による社会教育のための講座の開設を求めることができる。」「2 文化講座は，成人の一般的教養に関し，専門講座は，成人の専門的学術知識に関し，夏期講座は，夏期休暇中，成人の一般的教養又は専門的学術知識に関し，それぞれ大学，高等専門学校又は高等学校において開設する」。

28）「立命館土曜講座」
〈http://www.ritsumei.ac.jp/acd/re/k-rsc/kikou/about.html（最終確認日：2019年9月26日）〉

年代に入ってからである。

そのきっかけとなった出来事は，1965（昭和40）年に，ユネスコでポール・ラングラン（1910-2003）が教育は学校だけでなく，生涯にわたって行われるものであるという“生涯教育”という考え方を提唱したことによるものである。これ以降，生涯学習の思想が広まっただけでなく，1971（昭和46）年には，社会教育審議会が「急激な社会構造の変化に対処する社会教育のあり方について」において以下のような答申を示している。

> 高度な知識や技術を組織的に与えうる学校は，青少年だけでなく，広く成人一般にも開放されなくてはならない。反面，学校は，専門化や分業の傾向が増大しつつある社会において要請されている一般教養を与えうる場としてふさわしい所でもあるので，学校と社会教育との協力関係はますます必要となる。大学，高等学校等が，開放講座，通信教育，放送教育，夜間制などを通して，成人一般に教育の機会を提供するとともに，実生活を経験した成人が，その学習意欲に応じて，適宜，卒業後，再入学できる制度を設ける必要がある。（生涯学習・社会教育行政研究会，2017：312）

このように，学校教育が終了した成人に対して社会変化に対応できうる人材を育成するために，大学という学習環境を利用することを推奨していた。

その背景としては，大学進学率の高まり（文部統計要覧によると1963年に10％を超え，1972年に20％を超えた）がもたらした高等教育等の広がりに対する既修得知識との落差や，戦中戦後に機会を得ることが難しかった世代（1970年は戦後25年）と大きな時代の変化（高度成長期）のなかでの新しい知識に対する意欲があったのではないだろうか。もちろん，大学の広報的な意味や収益のある事業活動としての意味もあったのだろう。

実際，1977年度末に文部省が調べた大学別公開講座の実施数は，国立大学が64大学（全87大学），公立大学が8大学（全33大学），私立大学が90大学（全313大学）であり，162大学が684講座実施していると発表している[29)]。公開

29)『読売新聞』1979年5月21日，朝刊3面。

講座の内容は，外国語やスポーツ，パソコンの使い方，大学の特色を生かした内容であり，大学は閉鎖的な空間から地域の文化振興の中核をなしてきている。

ところで，1971 年の中央教育審議会答申では，乳幼児から高齢期までの人間の発達の段階に合わせた生涯教育の課題を説いていたが，1981（昭和 56）年に中央教育審議会が答申した「生涯教育について」においては「生涯教育」と「生涯学習」という言葉が定義され，その狙いとしては，高まる進学熱を背景とした学歴社会の打破が目論まれた。ここでは，教育制度は生涯教育としての機能をもつべきことが主張され，大学や自治体の生涯教育担当に大きく影響を与えることになる。

1980 年代後半には，生涯教育は「生涯学習」という表現に統一され，大学の公開講座も展開をみせる[30)]。特に，1992（平成 4）年の生涯学習審議会答申では，「今後の社会の動向に対応した生涯学習の振興方策について」が出され，学校や自治体を含む，生涯学習振興の積極的な取り組みの必要性が謳われた。そこでは，生涯学習社会を「人々が生涯のいつでも自由に学習機会を選択して学べることができ，その成果を社会で適切に評価される社会」（生涯学習・社会教育行政研究会, 2017：461）と定義している。また，同答申では「リカレント教

30）1973 年には東北大学，76 年に金沢大学，78 年に香川大学が「大学教育開放センター」を設置。以降，センター名称は異なるが各国立大学が継続的な生涯学習の環境設定を行った。また，私立大学では上智大学が，「社会人教育分野を統合するために，組織的には 1976 年に外事部を設置し，翌年の 1977 年から本格的な講座が始まりました」（https://www.sophia.ac.jp/jpn/otherprograms/c_college/, 最終確認日：2019 年 10 月 3 日）とあり，79 年に募集された社会人講座は 34 講座あり，語学や宗教だけでなく，“法務スタッフの養成”や“現代人のマナー”など，ビジネスや教養も講座として開かれているということがわかる（『読売新聞』1979 年 8 月 28 日，夕刊 11 面）。その他にも特色のある大学公開講座に関して，「花ざかり　ただいま 51 校が公開中」（『読売新聞』1980 年 4 月 26 日，朝刊 20 面），「大学公開講座 33 万人が受講」（『読売新聞』1988 年 5 月 4 日，朝刊 2 面）等と記されている。

31）公開講座を行った大学数・講座開設数・受講者数は，1992 年 339 大学・3,933 講座・509,900 人，1994 年 486 大学・6,190 講座・619,236 人，1996 年 525 大学・9,229 講座・649,027 人，1998 年 548 大学・11,477 講座・750,196 人で，2011 年前後にこれらの数は減少するが，2014 年までの調査で上昇傾向の数値が報告されている（http://www.mext.go.jp/a_menu/ikusei/chousa/__icsFiles/afieldfile/2018/10/02/1405977_1.pdf, 最終確認日：2019 年 10 月 3 日）。

育」を充実させるために，学習情報の提供，学習相談，調査研究，生涯学習センターの設置をすることを推奨している。

その後，1990 年代は大学拡張期に伴い，各大学は社会的にもまた広報的にも，公開講座を積極的に展開してきた[31)]。2000 年代後半の 18 歳人口減少による高等教育機関の社会人入学の積極的な受け入れ，高度情報社会における知識入手の利便性や容易性の広がり，資格という市場価値と連携した学習意欲の再編によって，大学や自治体での講座に特化した生涯学習はそのままの持続傾向を示している。その一方で，21 世紀のデジタル情報革命を受け，大学や大学院に入学することで行われる生涯学習プログラムもまた，18 歳人口減少を受けた大学の経営戦略と結びつくなど，新たな背景の下に，本章で提示してきたような生涯学習社会を目指す活動の系譜のうえにも位置づけられるのだろう。

【文　献】

天野郁夫（1994）.「第 1 章　大学講義録の世界（第一部　講義録の世界，近代化過程における遠隔教育の初期的形態に関する研究）」『研究報告』*67*, 8–37.

石田新太郎（1925）.『成人教育施設案内』開発社

古壕典洋（2010）.「戦後の「通信教育」概念の動向に関する考察」『生涯学習基盤経営研究』*35*, 1–15.

佐川享平（2017）.「早稲田における校外教育と夜間教育の系譜【第 1 回】」「早稲田ウィークリー」〈https://www.waseda.jp/inst/weekly/column/2017/11/10/36260/（最終確認日：2019 年 8 月 12 日）〉

生涯学習・社会教育行政研究会［編］（2017）.『生涯学習・社会教育行政必携（平成 30 年版）』第一法規

高田早苗（1927）.『半峰昔ばなし』早稲田大学出版部

田中征男（1978）.『大学拡張運動の歴史的研究――明治・大正期の「開かれた大学」の思想と実践』野間教育研究所

三浦　叶（1998）.『明治の漢學』汲古書院

―学校史―

慶応義塾［編］（1968）.『慶應義塾百年史 下巻』慶應義塾

専修大学［編］（1981）.『専修大学百年史 上巻』専修大学

川島仟司・高野金重［編］（1905）.『中央大學二十年史』法學新報社

中央大学百年史編集委員会専門委員会［編］(2001).『中央大学百年史　通史編上巻』中央大学
日本女子大学学園史二編纂委員会［編］(1968).『日本女子大学学園史 二』日本女子大学
法政大学百年史編纂委員会［編］(1980).『法政大学百年史』法政大学
明治大学百年史編纂委員会［編］(1992).『明治大学百年史　第 3 巻通史編Ⅰ』明治大学
早稲田大学大学史編集所［編］(1978).『早稲田大学百年史　第 1 巻』早稲田大学

第 14 章
東京学芸大学にみる地域連携
附属学校園，公開講座，カルチャーカフェ，Explayground

木暮絵理

本章では教師養成を目的とした師範学校由来の意識が根強く残る東京学芸大学をとりあげながら，そこで試みられる地域連携の営みについて考えてみたい。具体的には，近年に学芸大の内外で展開するいくつかの事例——附属学校園，公開講座，カルチャーカフェ，Explayground——にフォーカスし，これまで蓄積されてきた「教育」活動を一つの資源として「地域」に開いていく様子をみていく。

1 はじめに

東京学芸大学は，東京第一師範学校（男子部および女子部），東京第二師範学校（男子部および女子部），東京第三師範学校，東京青年師範学校を母体として1949（昭和24）年に新制大学として発足した，教育者養成を目的とする大学である。さらにその歴史をたどれば，創基は「東京府小学教則講習所」が設置された1873（明治6）年にまでさかのぼることができる。これを端として，明治から昭和前期までさまざまな変遷をたどった複数の師範学校を統合するかたちで誕生したのが東京学芸大学であり，そのアイデンティティの根幹には，教師養成を目的とした師範学校由来の意識が根強く残っているといえる。その一方で，養成される教員像や教育観については，戦前期から現代まで必ずしも一様であったわけではない。むしろ，さまざまな思潮や時代状況に柔軟に向き合っていくことで，「学び」に対する姿勢にも変化（あるいは更新）が加えられていくのである。

本章ではその様子を捉えるため，東京学芸大学（以下，学芸大）という国立大学を舞台とし，そこで試みられる地域連携の営みについて考えてみたい。具体的には，近年に学芸大の内外で展開するいくつかの事例にフォーカスし，これまで蓄積されてきた「教育」活動を一つの資源として「地域」に開いていく様子をみていく。まずは，学芸大のあゆみと国立大学をめぐる環境の変化について素描することからはじめたい。

2 学芸大の沿革と国立大学をめぐる動き

先に述べたように，学芸大の直接の起源としては四つの師範学校があげられるが，それぞれには前史が認められる[1)]。そのうちで最も古い沿革をもつ東京第一師範学校をとりあげてみれば，その淵源は1873年4月に東京府が開設した「教則講習所」となる。同講習所は，その後には「東京府小学師範学校」と

1）学芸大の源流となるそれぞれの師範学校の成立や変遷，および学芸大の成立とその展開については，陣内（2005）がコンパクトにまとめられており有益である。本章の記述も同書に拠る。以下，煩雑となるため参照頁数は省略する。

して再出発し（1876＝明治9年3月），「東京府師範学校」（同年11月），「東京府尋常師範学校」（1887＝明治20年1月），「東京府師範学校」（1898＝明治31年4月），「東京府青山師範学校」（1908＝明治41年11月）と明治期には改称を繰返し，そして戦時下では「東京第一師範学校」（1943＝昭和18年4月）として再定位された後，戦後には学芸大として統合される。

この改称の理由は，その時々に施行された教育法令に準拠したためだが，官立による教員養成を目的とした学校という性格は一貫しており，国家有用の人材を輩出するという枠組みに変わりはない。ただし，その時々の教育思潮という内実には，時代によって流行や変化が認められる。その最たる例の一つには，明治末年頃より大正年間にかけて盛んとなった「大正新教育」と呼ばれる思潮がある[2)]。その思潮を受けて「個性教育」を論じた長谷川乙彦（1870–1939）が，1925–1938（大正14–昭和13）年まで当時の東京府青山師範学校の校長を務めたなどの事実は，このあたりの消息をよく物語っているといえるだろう[3)]。

今みたところはあくまで一部だが，官立による国家標準の教員養成という大枠のもとであっても，実際に養成される教員像あるいは教育観には曲折のあったことがみえてくる。そしてこのようなあり方は，何も戦前期においてのみ認められるものではなく，戦後期ひいてはいま現在についても，より幅広い活動として展開している。

戦後期については，新しい教育制度の発足にともない教員養成のあり方も大きな変化をみせる。それは大きく，「大学における教員養成」と「開放制の教員養成」との二つの原則に象徴される。ここでのポイントは，戦前期の教員養成の枠組みが師範系学校に独占あるいは寡占的であった状態から，戦後には（「大学」という限定はあるものの）国・公・私立いずれの大学でも等しく教員養成に関与できるという，開放的な枠組みへと転換されたことだ[4)]。その動きは「教育の機会均等」や「民主化」というコンセプトとも重なり，戦前期とは異な

2)「大正新教育」の思潮内容や展開などについては，本書15章で簡単に言及されている。また詳しくは，たとえば，橋本・田中（2015）を参照。

3) 長谷川（1920：300）の章中には，「自學主義と個性教育」が収められている。そこでは，「現今一般に行はれて居る，小學校若くは中學校に於ける詰込主義，記憶主義の弊害を除去するより急なものは無い」と述べられる。

る様相で大学という場が開放されていく[5]。

このような「開放」という流れは現在にも引きつづいており，そのなかでさまざまな活動が試みられている。その様子を国立大学という枠に絞ってみれば，ほど近い転機としては2003（平成15）年に制定された「国立大学法人法」が注目されよう。これにより，翌年には99の国立大学が89に再編・統合されるが，このうち鳥取大学と島根大学とでは全国初の県境を越えた教員養成学生定員の移動が成立し，鳥取大学の教育地域科学部は地域学部へ転換されるなどの動きが現れた[6]。そしてこのような動きは，学芸大においてもまた異なった角度から認められるのだ。

とくに学芸大において特徴的な点は，師範学校時代から受け継がれた附属学校園の存在だ。学芸大のメインキャンパスである小金井キャンパスには，附属の小学校・中学校・幼稚園・保育園が大学と敷地を同じくして設置されている。学芸大と地域連携というテーマを掲げたとき，これらの附属学校園を通じて大学が開かれていく過程をみることができる。そしてその動きは，「国立大学法人法」制定以前からも認められるのである。

3　附属幼稚園小金井園舎

現在，学芸大には教育実習および教育研究の場として，五つの地区に12の附属学校園が設置されている。一般に，国立大学の附属学校園には「入学（入園）調査」と称する選抜制度が設けられている。選抜された「優秀な」子どもたちは制服を着ることによって差異化を図られ，遠方から通学する子どもは門の前に止まるバスを利用し，ある種の隔絶された学校生活を送る[7]。小金井キャンパスには附属幼稚園小金井園舎，附属小金井小学校，附属小金井中学校の3校が設置されているが，このうちの附属小金井小学校と附属小金井中学校は，先

4）「資料3「大学による教員養成」「開放制の教員養成」に関する答申の記述」〈http://www.mext.go.jp/b_menu/shingi/chukyo/chukyo11/shiryo/attach/1297249.htm（最終確認日：2019年9月25日）〉

5）戦後期の教育法規や制度の展開については，本書13章で言及されている。とくに「3 戦後期新制大学の通信教育」部分を参照。

6）https://www.tottori-u.ac.jp/1248.htm（最終確認日：2019年9月25日）

の選抜制度を設けている。そのなかで異色の存在となっているのが，附属幼稚園小金井園舎（以下，小金井園舎）である。小金井園舎は入学調査のような選抜制度を設けておらず，入園児は地域の子どもを対象とした「抽選」によって決定される。つまり，その開園当初から小金井キャンパス内の施設群において最も地域に開かれた施設の一つであるといえよう。

小金井園舎は，1957（昭和32）年に東京学芸大学小金井地区に開園した。その前身は，1904（明治37）年に設置された東京府女子師範学校附属幼稚園であり，現在は東京学芸大学附属幼稚園竹早園舎としてその姿を残している。1949年に誕生した学芸大は，四つの師範学校を小金井キャンパスへ徐々に統合していくが，それに伴い，学芸大の幼稚園教員養成課程学生の教育実習の場として，小金井地区に幼稚園の設置が必要とされた。そのため，定員30名を竹早地区から小金井地区へ移すかたちで小金井園舎が設立されたのだった。

先に触れたように，この小金井園舎は開園当初から地域の子どもを対象にし，「選抜」ではなく「抽選」で入園者を決めるという，附属学校園としては異色の幼稚園である。また，1979（昭和54）年には附属特殊教育研究施設と連携し，統合保育を開始した。1学級2～3人程度の発達障害の子どもを「抽選」とは別に「公募」し，現在にいたるまで統合保育が行われている。もっとも，「抽選」であるためそれ以前からも障がいをもつ子どもは入園していたことから，実際には1979年以前においても統合保育は行われてきたといえるだろう。

つぎに，小金井園舎における特徴的な活動について触れておきたい。小金井園舎の掲げる四つの使命のうちの一つには「社会貢献」があげられており，「家庭・地域と連携した教育支援・子育て支援活動を推進し，社会全体の教育力向上のために貢献[8)]」するとされている。その具体例の一つに，園内にそなえられた田んぼや畑における活動があげられる。それらの田畑は，教職員・保護者・地域の人々の協力のもと，一から手作りされたものだ。土を掘り，埋めら

7）たとえば附属小金井小学校は，東京都内の通学時間40分以内の地域を一部含む町全体を通学区域に指定しており，その区域は，新宿区の一部から福生市の一部までをも含めるかなり広範囲なものになっている。

8）http://www.u-gakugei.ac.jp/~kinder/shimei/index.html（最終確認日：2019年9月25日）
四つの使命のほか三つは，幼稚園教育，教育実習，教育研究・教員研修があげられる。

れた大量の瓦礫を一つ一つ手で取り除き，底には絨毯の廃物とブルーシートを敷いたという。その田んぼでは，現在でも代かきから稲刈りにいたるまで，地域の人が指導員など務めるかたちで協力し，活動が営まれている。また，PTA活動や後援会活動も活発に行われており，PTA会員には一人一役が割り振られ，園に関わる活動に参与する仕組みが設けられている。このように，小金井園舎では保護者や地域との交流が盛んにおこなわれているのである。

さらに，小金井園舎は附属学校園であるため，研究や教育実習の対象・現場として大学教員や学生がつねに出入りする場でもある。その交流は，大学幼児教育学科との連携による共同研究としても現れており，これまでに多くの成果がみられる[9]。また，毎年度ごとに「研究協議会」が催され，学内外からの講師による講演やワークショップも行われている。閉じられがちな大学の教員や学生は，開かれた小金井園舎と関わることによって，否応なく地域と触れる機会をもつ。大学と地域の双方向的な対話は，学芸大においては附属学校園から生まれはじめたのだといえよう。

4　学芸大の公開講座

近年，さまざまな大学において公開講座は行われているが，学芸大における公開講座の特徴の一つは，やはり現職教員や親子向けの講座が多数開設されている点にあるだろう。

たとえば，日本で最大規模の公開講座を運営する早稲田大学では会員登録制をとっており，20代から30代までの年代層も多くみられる[10]。また，社会人や高度な学習を求める高齢学習者を対象とした講座が中心となっており，外国語やビジネス・資格に関する講座も多く開設されている。それとは対照的に，

9）注8前掲HP，「研究のあゆみ」を参照。たとえば，直近では「4年次の応用実習へのアプローチプログラム――よりよい出会いのための自己アピールシートの活用」（平成28年度），「教員養成における質保障のための4年間の教育実習経験の在り方」（平成26年度）などがみられ，さらに共同研究だけではなく園舎による単独研究が毎年のように積み重ねられている。

10）年間講座数1,500，受講者3万人という規模を誇り，他の大学の追随を許さない盛況をみせる。https://www.wuext.waseda.jp/（最終確認日：2019年9月25日）

表 14-1　国立大学における公開講座の年間平均開設数[11)]

	全体	合計	平均
全体（補正値：参考）	742	32,690	44.1
国立大学	76	3,786	49.8
公立大学	38	1,023	26.9
私立大学	324	20,866	64.4

親子で参加できるような，遊びながら学ぶような講座は開設されていない。つまり学芸大とは全く異なる方向性の理念をもって，公開講座を運営しているのである。

学芸大の公開講座は，年間をとおして多数の講座が開講されており，2019 年度には 99 の講座が開設予定となっている[12)]。この講座数は，国立大学における公開講座の年間平均開設数が 49.8 とされているため（表 14-1），およそ 2 倍の設置数になる。

講座内容の一例としては，一般市民を対象に約 2 か月間に 10 回行われるテニス教室から，夏休みの親子向けの自由研究教室，現職教員向けの小学校英語に関する集中講座など，その対象者も講座内容も多岐にわたっている。現職教員や親子向けに設けられたものが多いこともあり，およそ 45%の講座が，大学や近隣の小中学校が夏休みになる 8 月に開設されている。水泳教室のように，同じテーマを，対象年代を変えて複数実施する例もみられる。

学芸大は教育者養成の大学であり，幅広い教育分野に対応するため，教育学，人文社会科学，自然科学，芸術，スポーツ科学など，さまざまな学問を研究し，教授する場でもある。それらの専門家が，各々特色のある公開講座を担当することで，大学で研鑽された知を地域社会へとひろく還元しているのである。

11）http://www.mext.go.jp/a_menu/ikusei/chousa/1405977.htm（最終確認日：2019 年 9 月 25 日）

12）http://www.u-gakugei.ac.jp/seminar/（最終確認日：2019 年 9 月 25 日）

5 東京学芸大こども未来研究所：「まちのカルチャーカフェ」を事例に

「東京学芸大こども未来研究所（以下，こども未来研究所）」は，学芸大内に2009（平成21）年に設立された特定非営利活動法人（NPO法人）である。その4年前の2005（平成17）年には，地域教育の研究開発を目的とした「学芸大こども未来プロジェクト」が学内に発足し，翌年には事務所が設置された。この動き自体は，「国立大学法人法」を受けたものだともいえる。プロジェクトの発足時には，後のこども未来研究所に引き継がれる一つの理念が掲げられた。「こどモード（codomode）」という，「こども」と「モード」を組み合わせた造語がそれであるが，この理念を掲げた活動目的は次のように語られる。

> 本研究所は「遊びが最高の学びになる」をモットーとしています。子どもたちの世界へ一歩足を踏み入れ，ともに遊び，そして学び，そこに価値ある関係性を築くことができる，そうした有為な人材を育成していくことが『東京学芸大こども未来研究所』の目指すところです。つまり『こどモード』は，心のどこかに眠っている「子どもの頃の自分」を呼び起こす合言葉として，本研究所の活動を支える大切な理念なのです。[13)]

このような理念が掲げられたこども未来研究所は，学芸大の教育に関するノウハウを地域に還元していくことを目指しており，全国でも数少ない教育系NPO法人として，調査・開発，人材育成，伝達支援を行っている。たとえば，教育支援人材認証協会と連携し，地域の人に向けてこどもに関わり合う力を身につける「こどもパートナー」認証講座を開講するほか，STEM教育（Science, Technology, Engineering and Mathematics）のための情報提供サイトを開設するなどしている[14)]。

さらに，大学と地域との連携を目指して設けられた新たな場として，「まちのカルチャーカフェ（以下，カルチャーカフェ）」がある。学芸大の図書館1階部

13）https://codomode.org/aboutus00.php（最終確認日：2019年9月25日）

図 14-1　カルチャーカフェの様子 1（筆者撮影）

図 14-2　カルチャーカフェの様子（筆者撮影）[15)]

14）https://codomode.org/codocollege/#information（最終確認日：2019 年 9 月 25 日）このSTEM教育とは，科学・技術・工学・数学の教育分野を総称した言葉であり，これら四つの学問の教育に力を注ぎ，IT社会とグローバル社会に適応する国際競争力をもった人材を生み出そうとする教育システムを意味する。「STEM」に「Art」を加えたSTEAM,「Robotics」を加えたSTREAMなどさまざまな派生形がみられるが，代表的な学習にはプログラミング教育があり，小学校では2020年度から，中学校では2021年度から，高等学校では2022年度からの必修化が企図されている。「文部科学省HP」のほか，「日本STEM教育学会HP」（https://www.j-stem.jp/）を参照。

15）「note cafe」は，大学生協ではなく，学外のまちづくりや創業支援をおもに担う株式会社タウンキッチンが委託経営している。

分には，学内外の人が自由に利用することのできる「note cafe」というスペースがある[16)]。図書館の職員や教職員，附属学校園の保護者たちの利用する姿がよくみられるが，学内外をつなげる場である「note cafe」において，地域の人と大学のコミュニケーションを図る目的ではじめられた試みがカルチャーカフェだ。月1回，テーマを決めて地域の人々と大学の人間（研究者や学生）が，お茶やお酒を飲みながらフラットに語り合う場として設けられている。そのため，公開講座のようないわゆる講義形式ではなく，学内外からテーマによって選ばれたファシリテーターは「話す人」，それに対し「話す人」の語りを引き出す「聞く人」という役割のみが割りふられ，参加者はフラットな意見交換を行う。参加者の数は毎回20人程度だが，地域住民や「話す人」の関係者，学生たち，というさまざまな人間が集まり，毎回かなり活発な議論がなされている。場合によっては，「話す人」よりも参加者の方が多く話す場合もあり，新たな出会いやアイディアの創造の場にもなっている。

ただしその一方で，学内におけるカルチャーカフェやこども未来研究所の認知度は決して高いとはいえない。カルチャーカフェへ参加する学生は，「聞く人」に割り振られた大学教員の指導学生が大半であり，多くの場合それ以外の回には参加しないケースも認められる。

6　Explayground（エクスプレイグラウンド）という試みへ

最後に，ごく近年にはじめられた試みである，「Explayground（エクスプレイグラウンド）」という活動について触れておきたい。「Explayground」とは，「Experiment」「Expand」「Extreme」と「Playground」を掛け合わせた造語だが，2019年3月にはプレイベントが開催され，4月より本格的な活動をはじめている。これは，学芸大とMistletoe株式会社との事業連携による活動だが，それは「「公教育におけるオープンイノベーション」を進めるための全国的拠点を構築する[17)]」試みからなされたものだ。この「Explayground」では，「学び」

16）http://notecafe.net/project/project-37/（最終確認日：2019年9月25日）
17）https://explayground.com/pressrelease/38（最終確認日：2019年9月25日）

と「遊び」とをシームレスにつなげる発想のもと，以下のようにその目的が掲げられる。

「学び」と「遊び」を区別するよりも，連続する部分に光を当てたときにこそ，価値の創造につながる取り組みが教育という営みにもたらされると考えます。人は自ら進んで自分にとって大事なものを創造しているときにこそ，最もよく学びます。創造性は実験すること，リスクを取ること，限界を見極めることなどから得られますが，遊んでいるときにこそ，まさにそのような行為を子どもは実践をしています。また遊びの良いところは「失敗」や「不正解」という言葉を『挑戦』や『実験』というポジティブな言葉に変えてくれ（る）ところです。[18]

このことからもわかるように，「学び」と「遊び」をつなげる発想は，前節にとりあげた「こども未来教育研究所」の理念と連関しており，一つの展開形と

図 14-3 「「いごこチーム」発足会 居心地ってな〜んだ？？」より
＊住まいや生活に関するゲーム（＝ゲームを通した居心地の良いラボづくり）の様子

18）https://explayground.com/#about（最終確認日：2019 年 9 月 25 日）

してみることが可能だ。その「Explayground」というコンセプトのもとでは，これまでにさまざまな活動が試みられている。いま，その活動レポートの一部を並べてみれば，「居心地ってな〜んだ？」「教育こう de ナイト〜 Explay シリーズ 第1回「遊具を Explay する」開催レポート」「インクルーシブ×オルタナティブ×不登校×変人類学×ギフテッド」など，その実験性や多様な姿が垣間見えるだろう[19]。

ただし，「Explayground」というコンセプトのもとで試みられる活動はまだ始まったばかりであり，現在はその理念を遂行的に模索している段階にあるといえる。

7 結びにかえて

実のところ，学芸大の「目的」は，正しくは「教師」を養成することではない。オフィシャルホームページで「大学の目的」を参照すると，そこには「有為の教育者を養成することを目的とする[20]」と記されている。1949年の創立以来その目的は変わっていないが，「有為の教育者」が意味するものは時代によって変化してきた。創立当初は師範学校の系譜を引き，「有為の教育者」=「初等中等教育の教員」であった。学内の動きとして，そこに大きな転換が訪れたのは1988（昭和63）年のことである。

この年，学芸大では学部の改革と再編が行われた。少子化にともない教員需要が長期的に減少することが見込まれたためと，将来的な教育の変動に対応するためだ。この改革における最も大きな変化は，新課程の設置と教員養成課程への入学定員の縮小であり，新課程は「教養系」と称され，学校教育以外の分野で社会に貢献する「教育者」の育成が目的として設置された。それに対し，既存の教員養成課程は「教育系」と称され，卒業要件を満たすと教育職員免許状を取得することになり，その取得は卒業要件として義務付けられてもいたが，「教養系」は必ずしもそうではない。「教養系」に所属する学生は，むしろ学校

19）https://note.com/explayground（最終確認日：2019年9月25日）
20）http://www.u-gakugei.ac.jp/01gaiyo/mokuteki/html（最終確認日：2019年9月25日）

「教員」という枠の外から，教育に携わる人材となることを期待されたのである。そこにはすでに，現在に連なる大学の開放が予告されていたともいえる。

学芸大のアイデンティティである「有為の教育者の養成」は変わらないものの，ここまでにみてきたようにその展開をあらためてふり返ると，対象とする視野は学校から地域へと大きく拡大してきている。とはいえ，師範学校の気質を受け継ぐ教員養成大学である学芸大が，閉じられた大学から開かれた大学となるためには，その師範学校気質がネックになっただろうことは想像に難くない。その反面，学芸大は「教育」という自らの特色を生かすかたちで大学を開放していった。その最初の足掛かりとなったのは，附属学校における活動であった。その学校に通う子どもたちと親たちを対象とすることによって，学芸大は学外へと，地域へと開かれていったのである。その蓄積こそ，こども未来教育研究所における「こどモード」のコンセプトや，まちのカルチャーカフェ，そして近年の「Explayground」という発想への展開を，下支えするものであったといえよう。

しかしなお，地域との双方向的な対話はまだ十分にはなされているとはいえないだろう。カルチャーカフェをみても，そのイベント後にまで地域住民と大学関係者の関係性が継続する例はあまり多いとはいえない。「Explayground」という試みも，まだ船出したばかりである。学芸大のアイデンティティであり蓄積されてきた資源でもある「教育」を骨子にすえつつ，大学と地域が共生していくあり方の模索は現在進行形であり，いまだその途上にあるといえるだろう。

【文　献】

陣内靖彦（2005）．『東京・師範学校生活史研究』東京学芸大学出版会

瀬沼克彰（2009）．『第二ステージの大学公開講座』学文社

出相泰裕［編］（2014）．『大学開放論――センター・オブ・コミュニティ（COC）としての大学』大学教育出版

橋本美保・田中智志［編］（2015）．『大正新教育の思想――生命の躍動』東信堂

長谷川乙彦（1920）．『戰後に於ける教育思想及方法の革新』松邑三松堂

【参考ウェブサイト】

Explayground〈https://explayground.com（最終確認日：2019 年 9 月 25 日）〉
東京学芸大学〈http://www.u-gakugei.ac.jp/（最終確認日：2019 年 9 月 25 日）〉
東京学芸大こども未来研究所〈https://codomode.org/（最終確認日：2019 年 9 月 25 日）〉
東京学芸大学附属幼稚園 小金井園舎〈http://www.u-gakugei.ac.jp/~kinder/（最終確認日：2019 年 9 月 25 日）〉
文部科学省〈http://www.mext.go.jp/（最終確認日：2019 年 9 月 25 日）〉

第 15 章
和光学園と教育文化
変遷する「地域」へのまなざし

平崎真右

「地域」は歴史のなかでさまざまな視点からみられてきた。戦前期では日露戦後の地方改良運動や，昭和恐慌後の農山漁村経済更生運動のほか，「郷土」に対する提言や，貧困地区に根ざすセツルメント運動，地方・地域での新しい共同体づくりや教育活動の試みなどがみられ，戦後すぐには復興と啓蒙とが入り混じった地域教育などがあった。そこでは「改良」や「更生」，「救済」や「啓蒙」といったまなざし，さらには「地域」そのものを新しく作ろうとする動きまで，多様な視点から「地域」が語られていた。本章ではその視座のもと和光学園の事例をとりあげ，近代日本における教育史をふり返りつつ，地域の意味づけとその変遷について考察していく。

1　はじめに：考察の視角

「大学と地域」という言葉は，最近では「産学」「産官学」との連携，あるいは「地域連携」や「地域貢献」といった文脈でそれを聞く機会が多いのではないだろうか。試みに，大学との関係に絞ってWeb検索をしてみれば，「地域連携プログラム」（大妻女子大学）や「地域連携推進センター」（東京家政大学），「地域貢献」（横浜市立大学），「社会・地域貢献」（中央大学）などがすぐに目に入ってくる。ここでの「地域」という言葉が指し示す範囲は，大学のキャンパスが設置されている区域やその近隣地区を示す傾向がある。

このように，「地域」という言葉は当然のように使われているが，それでは現在のように「連携」や「貢献」などの言葉とともに「地域」が用いられはじめた時期はいつ頃だろうか。その一つの指標として，学術論文で「地域連携」「地域貢献」が話題にされたおおよその年代を調べてみれば，どうやら1980年代以降に目立つようだ[1]。もちろん，論じる方法や対象などによって論点は異なるため単純化はできないものの，地域との「連携」や地域への「貢献」といった志向の表出は，比較的に最近の出来事のようにみえる。

以上の結果からは，「連携／貢献」というフレームによって「地域」が対象化された歴史は，そう遠い昔の話ではないといえそうではある。しかしここで注意したいことは，それはあくまでも「連携」や「貢献」という意味づけに限った話であり，当然のことながら，「地域」はその視点からのみ対象化されるわけではない，ということである。それでは「地域」という領域は，「連携」や「貢献」とは異なった角度から，これまでに対象化されたことはないのだろうか。

あらかじめ議論を先取りしてしまえば，「地域」はそれ以前にもさまざまな視点からみられてきた歴史があり，その視座もまた多様である。大づかみではあるが，戦前期では日露戦後の地方改良運動や，昭和恐慌後の農山漁村経済更生

1）国立情報学研究所「CiNii Articles」や，独立行政法人科学技術振興機構「J-STAGE」などで，「地域連携」「地域貢献」の検索を行った結果にもとづく。「地域連携」の場合，「J-STAGE」では古い事例として「地域医療」がヒットするが、こちらは1970年代より使われており，「連携」「貢献」といった言葉より早く使われていることがうかがえる。

運動のほか,「郷土」に対する提言や，貧困地区に根ざすセツルメント運動，地方・地域での新しい共同体づくりや教育活動の試みなどがみられ，戦後すぐには復興と啓蒙とが入り混じった地域教育など，実にさまざまな展開が認められる[2]。そこでは「改良」や「更生」,「救済」や「啓蒙」といったまなざし，さらには「地域」そのものを新しく作ろうとする動きまで，多様な視点から「地域」が語られていた状況がある。

これらの活動は，もちろんそれぞれが別個に行われてきたものであり，その活動が生起する原因や環境も異なっている。そのため,「地域」に対する動きを捉えていくうえでは,「地域」を対象化する主体がどのような視点から，どのようにしてそれを語ろうとするのか／してきたのかについて，事例に即して考える方法が妥当だといえよう。本章ではその視座のもと，現在では幼稚園から大学院までを経営する和光学園をとりあげてみたい。彼らの試みをたどることは,近代日本における教育史の大枠をふり返る作業でもあるが，同時に,「地域」がどのような視点から意味づけされてきたのかの一面，または変遷について把握していくことにもなる。ここでは戦前期，戦後期，そして現代と，大まかな時間軸を設定し，和光学園の歩みを通時的に概観していくこととする。

2　「新教育」というムーブメント：戦前期

和光学園の創立とその後の展開を考えるとき，見落としてはならない時代背景に，大正期の「新教育」と呼ばれる教育運動がある。その概要をみておこう。

近代日本社会における教育制度は，1872（明治 5）年の「学制」以降に整えられてきたが，明治中期の日清・日露の 2 度の対外戦争を経るあたりから，国家主義を目的とする教育政策が強まっていく。世相的には，1908（明治 41）年

2）ここで言及した各点について，全体を俯瞰するうえでは事典類が簡便である。たとえば，海後・日本近代教育史事典編集委員会（1971）を参照。個別事例の論考としては,木村（2013）が参考となる。また，必ずしも正規の学校教育機関としては結実しなかったものの，地方・地域での新しい共同体や教育活動の事例としては，武者小路実篤による「新しき村」(1918 年)，長野県を中心とした「自由大学」(1921 年）の運動，宮沢賢治による「羅須地人協会」(1926 年）などが認められる。

の「戊申詔書」の渙発や，1910（明治 43）年の「大逆事件」後には民心の引き締めを底意とする国民道徳論の喧伝などが認められる。このような空気は，画一主義や注入主義，暗記主義的な教育方法と同期するものだが，それに対し，大正期にはそのデモクラシー思潮と連なる形で，子どもの個性や自発性を尊重する教育思想とその実践とが始められていく。これが，「大正自由主義教育」や「大正新教育」などと呼ばれる教育運動である[3)]。

このような新しい教育運動はすでに明治末年には提唱されていたが，その代表的な実践例としては，1917（大正 6）年に，現在の東京都新宿区に位置する「成城学校（現・成城中学校・成城高等学校）」のなかに併設された「成城小学校」があげられる。1922（大正 11）年には「成城第二中学校」が増設され，その後，該校は 1925（大正 14）年に北多摩郡砧村喜多見（現・世田谷区成城）へと移転して現在にいたる。これが現在の学校法人成城学園の母体であり，その創立者である澤柳政太郎（1865–1927）による「新教育」の実験学校として当時から著名であった。

この成城学園からは，その後いくつかの新しい学校が枝分かれしていった。1924（大正 13）年に赤井米吉（1887–1974）らによって東京都三鷹市に設立された「明星小学校（明星学園）」，1929（昭和 4）年に小原國芳（1887–1977）によって東京都町田市に設立された「玉川中学校（玉川学園）」などがそれだが，いずれも澤柳の成城学園に勤務していた人物らによって設立された学校である。これらと同種の動きとして，本章でとりあげる和光学園もカウントされるのである。

3　コア・カリキュラムと和光：戦後期

1）「実験教育」の場として

和光学園は 1933（昭和 8）年に設立されたが，それは「成城学園事件」と呼

3）新教育運動については，たとえば、橋本・田中（2015）を参照。なお「新教育」という呼称は，大正期のそれを指す場合と，次節でとりあげる日本の敗戦後（1945 年～）の教育改革を指す場合がある。本章では，「新教育」は大正期のみを指し，敗戦後の教育運動は「実験教育」と呼ぶこととした。

ばれる学内騒動からの船出であった[4]。この騒動から先の明星・玉川の両学園も派生したわけだが，父母たちのなかにはそれまで成城学園に通わせていた子弟を明星や玉川へと転校させる動きが現れてくる。中高生ならば遠方通学も可能であるが，小学生となれば困難が生じる。そこで求められたのが新学園設立の動きであり，それに応えるものとして和光学園が設立されたのである。ここで掲げられた教育理念は，少人数教育による個別指導を基調としつつ，子どもの自学自省をサポートし，情操教育による品性や人格陶冶を目的とするなど，成城学園で試みられた新教育を継承するものであった。

このように草創期の和光学園は，家庭あるいはその家庭が位置する地域社会と濃厚な関係を含みながら歩み始めたといえよう。そのことは，学園の創設費用の多くを父母の出資金に頼っていた事実にも反映されている。しかしその教育活動も，戦時下では皇国民錬成の時世に掉さしつつ，戦時末期には学童疎開が行われるなかで中断を余儀なくされていく。ただしこの敗戦を経由した後に，和光は新しい教育実践の場として再定位されるのである。それは，戦後 5 年を経過した 1950（昭和 25）年に「コア・カリキュラム連盟（現・日本生活教育連盟。以下，コア連）」の実験校となり，和光が新しい教育思潮の中心地となったことによる。

コア・カリキュラムとは，元来はアメリカでデューイ（John Dewey 1859-1952）らによって試みられたカリキュラム改造の運動を指す。そこでは，それまでの並列化された各教科間の学習内容を統合して学習者の人格的統一を図ることや，現実的な生活経験や社会問題を解決することによる社会的な統合と連帯などが企図されていた。そのため，中心となる学習ないしは課程（core course）と，それに関連づけられた周辺課程（fringe course）とが同心円的に配置されたカリキュラムが編成される。これは 1930 年代のアメリカの経済恐慌下で，青少年たちの社会的統一性や連帯性を育成しようとする文脈で提唱されたものだが，この思潮が，日本では敗戦後の混乱期に GHQ（連合国軍最高司令官総司令部）の占領政策の下，新しい教育理念として紹介・導入されていく[5]。

4）和光学園の足跡については，丸木（1963），和光学園五十年史編纂委員会（1983）など，同校の学校史に依拠する。煩雑になるため頁数は省略する。

そもそも敗戦後の混乱期は，戦前期までは中央政府の各教育法令による統制下にあった学習内容について，学校それぞれが自主的に決定できた時期として異例だといえる。それゆえ教育モデルが不在でもあったわけだが，反面，戦前期の新教育や郷土教育などを実践してきた学校や教師たちにより，手探りの試行錯誤が行われた時期でもある[6]。そこでは地域の生活が学習の題材に取り入れられ，児童の発達と興味関心を重視するカリキュラムとして，とくに戦後の花形教科であった「社会科（および理科）」を中心に具体化されていく[7]。その教育目標は，「民主主義社会の建設にふさわしい社会人を育て上げようとする[8]」ことにあった。

そのような学びの一つとしてコア・カリキュラムはあり，それを日本で研究する組織として，先のコア連が1948（昭和23）年10月に石山脩平（1899–1960），梅根悟（1903–1980），海後勝雄（1905–1972）らを中心に結成された。そこでの研究を具体的に実験・実践する場として和光学園は選ばれるわけだが，石山・梅根・海後の3名は，それぞれ和光の学園長，顧問，校長として経営の中枢を占めることになった。このうち梅根は，1966（昭和41）年に和光大学が創設されるとその初代学長に就任しており，以後，1980（昭和55）年3月に逝去するまで在職することとなる。

2）和光での学び

コア・カリキュラムにもとづく和光の具体的な学びの姿は，たとえば授業公

5）コア・カリキュラムに関する説明は，細谷ほか（1978），久保ほか（2001）などを参照。

6）各地域の学校におけるさまざまな取り組みは，金馬・安井（2018）が，その基礎資料として貴重である。その解説では，地域ないし歴史的な特徴として，土着性や名門性，人脈性，継承性などの類型が示される。ここからは，コア・カリキュラムを具体的に実践する各校の，決して一様ではない姿が浮かびあがってくる。

7）生活経験や問題解決を基調としたカリキュラム改造の動きは，コア・カリキュラムのほか，合科カリキュラム型，地域教育計画型、民教・民教協型（民主主義教育研究会・日本民主主義教育協会）などの実践が認められる。詳しくは，小原（1998）を参照。なお，「社会科」は1947（昭和22）年版学習指導要領で示されたもので，戦前期の社会的教科（「地理」「歴史」「修身」「公民」）を廃止・統合するものとして設定された。

8）https://www.nier.go.jp/guideline/s22ejs1/chap1.htm（最終確認日：2019年7月25日）

開（1951 年 12 月）にうかがえる[9]。小学部の 1・2 年生は読み書きや計算などの基礎学習やごっこ遊びなど，3 年生は木屑を使った経堂駅の模型づくり，4 年生は電気の研究，5 年生は住居の改善研究，そして 6 年生は道路の研究と，児童の発達を考慮しつつ，日常あるいは地域の生活と関わる学びが編成されている。また中学部では京浜工業地帯が単元として学習されており，世田谷区の中ほどに位置する和光にとって，近隣となる産業区域も視野に入れられていることがわかる。

ただし，これらの学習は必ずしも学園として決められた内容というわけではなく，授業を担当する各教師に大幅な自由が与えられていたため，可変的な部分も多かったという。そのような自由性は，生活単元学習以外にもクラブ活動（土曜日）として，美術・ヴァイオリン・ピアノ・バレエが外部講師を招いて教授されていたことなどにも表れている。この時期の和光では，教科の枠に制限されることのない学びもさまざまに行われていた。

こういった学びのあり方には，コア・カリキュラムも含めて「民主主義社会の建設にふさわしい社会人」を育てる目標が据えられていたことは先にみた。ここでもう一つ，「民主」という点から注目したいことは，学園運営のうえで現役の父母たちが PTA 役員であると同時に理事や監事を兼ねるなど，経営上の民主化が導入されたことだ（1950 年 8 月）。ここまでに触れたように，父母たちとの深い関係は和光学園の出自に認められるものであった。その意味で，学園経営に彼／彼女らが参画するという事態は，戦後の民主化を志向し，民主主義社会の担い手となるべき人材を教育するという新しい時代状況のなか，学生ひいては地域生活の現状を視野に収める教育思潮（コア・カリキュラム）と連動しながら，和光のアイデンティティが再認識される貴重な経験であったといえるだろう[10]。

9）授業公開の内容は，コア連の機関誌である『カリキュラム』(37)（1952 年 1 月）による。

4 研究・教育活動と「地域」への視線：現代

1)「地域連携研究センター」の概要

前節でみたコア・カリキュラム運動は，おもに初等・中等教育で展開された学びのあり方となる。その学びを，和光が一つの「学園」であることを踏まえて捉えなおすとき，それは大学における研究・教育活動へと発展的に接続していくものだったと考えられる。そこで本節では，大学が培ってきた研究活動を地域に開き，あるいは協力し，持続的な活動へ繋げていこうとする試みについてみていきたい。

現在，和光大学には学外との関わりを積極的にバックアップするための「地域連携研究センター」が設置されている[11)]。これまで別々に行われていた活動の窓口を一本化するために設けられた同センターでは（2016年4月開設），次のような地域連携活動が試みられている[12)]。

【和光大学と地域，企業との連携】
和光大学のある町田市との包括連携協定，麻生区・6大学公学協働ネットワーク，相模原・町田大学地域コンソーシアム，ネットワーク多摩（公益社団法人 学術・文化・産業ネットワーク多摩）といった各コンソーシアム活動に対する関わり。西武信用金庫あるいは一般財団法人川崎新都心街づくり財団と連携した地域社会の発展・振興への寄与など，他の大学や企

10）その後コア・カリキュラム自体は，生活経験主義を脱することができずに，学生の基礎学力低下や社会問題からの遊離などを指摘されるなかで影響力を失い，科学主義・系統主義のカリキュラム論の前に後退していく。ただし，ここで試みられた知識と生活を結びつける単元学習は現在になお引き続いていることに留意したい。たとえば，長期にわたる国語教育での単元学習を実践した大村はま（1906-2005）に関する評価や研究が，今なお絶えることなく発表されている状況がある。なお，「単元学習」は日本では主に「生活単元」，つまり経験的な単元学習の意味で用いられることが多いが，本来的には教材的な単元学習をも含んだ用語である。

11）その他，本章で触れることのできなかった和光学園の地域と関係する教育実践については，和光学園八〇年史編集委員会（2013）に詳しい。

12）https://www.wako.ac.jp/organization/cooperation/index.html（最終確認日：2019年7月25日）

業と連携した活動。

【社会連携研究プロジェクト】
大学の学術的な蓄積や教職員・学生の力を活用し，地域が抱える様々な課題の解決に向けて地域と連携・協同して取り組むプロジェクト。専門的な研究や技術開発を行う「研究協力型」と，地域の活動に教職員や学生を活用する「地域協働型」に分けられる。

【社会連携フォーラム】
公開講座（オープン・カレッジぱいでいあ），市民講座，レクチャーコンサートなどを運営する「大学開放フォーラム」，ジェンダーに関する情報収集や提供，イベントの企画，交流活動などを行う「ジェンダーフォーラム」，大学の地元である川崎市麻生区岡上地域や鶴見川流域を舞台にした環境保全などの社会貢献活動を支え，大学と地域を繋げる拠点である「地域・流域共生フォーラム」の，各機関が設置される。

このうち「大学開放フォーラム」で運営される市民講座は，1980（昭和 55）年より夏の風物詩として町田市教育委員会後援のもとで開催され，1987（昭和 62）年からは教員の各研究フィールドで開催された「和光移動大学（～ 2002 年)」や，オープン・カレッジの前身である夜間講座が開講され，さらに 1991（平成 3）年からの 3 年間は川崎市との共催で「市民大学公開講座」が開かれるなど，地域と連携した学びが積み重ねられている。また「ジェンダーフォーラム」は，日本の大学では初となる「女性学[13)]」が開講された和光大学ならではの活動であり，学生や教職員に限らず，町田・川崎市などの地域や学外にも開かれたジェンダーフリースペースが設置されている。

このように，大学が培ってきたそれまでの研究・教育活動をいかした地域連携が現在進行形で試みられているわけだが，次に「地域・流域共生フォーラム」の取り組みについて触れておきたい。

13）1974 年の開講。当時，和光大学に勤務していた井上輝子（1942-）によって担当された。

第Ⅰ部
第Ⅱ部
第Ⅲ部
第Ⅳ部

2）環境シチズンシップ教育へ

「地域・流域共生フォーラム」は，2008（平成20）年度より始まった「和光大学・足もとからの環境共生プロジェクト」，あるいは「流域主義による地域貢献と環境教育」と題した教育プログラムが土台となっている。これは文部科学省による「質の高い大学教育推進プログラム（教育GP）[14]」に選定された活動だが，和光大学の取り組みについては以下のように説明される。

> 本取組は，流域という視点から鶴見川流域の環境保全活動と地域社会への貢献を通して，新たな地域社会を作り出す能力を持った人材を育成する実践的な環境教育の試みである。
>
> 和光大学が位置する鶴見川流域は［中略］川崎市，町田市，横浜市にまたがっており，行政界を越えた地域貢献活動が必要な地域でもある。伝統的に学生の主体性を重んじてきた和光大学では，従来より鶴見川流域（特に川崎市麻生区岡上地域）の環境保全活動において，地域住民，自治体，国交省などと連携して，学生を中心として様々な活動に取り組んできた。こうした関係は環境保全のみに終わるものではなく，総合的な社会関係をもたらし，地域の社会関係資本ともなっている。
>
> 本取組は，こうした実績に基づき，大学カリキュラム（Formal-Education）と学生の自主活動（Non-Formal Education）を有機的に組み合わせることによって，学生の自主性，社会性，環境意識を育み，「自然と共生する都市文化」を担うアクティブな市民を育成しようとするものである［後略］（下線部ママ）。[15]

このうち「流域」とは，「雨や雪が降った際にその水が最終的に流入するところを共有する地域のまとまり[16]」（堂前，2011：205）を指しており，自然環境

14）「質の高い大学教育推進プログラム（教育GP）」とは，各大学・短期大学・高等専門学校から申請された，教育の質の向上につながる教育取組の中から特に優れたものを選定する事業のこと。詳しくは，文部科学省HPおよび日本学術振興会HPを参照。

15）https://www.jsps.go.jp/j-goodpractice/data/sentei_daigaku/houhou/houhou51.pdf（最終確認日：2019年7月25日）

を基調とする空間認識から「地域」が設定されていることがわかる。また活動の目的には，環境学習と地域貢献を連携させた活動を展開することと，その担い手となる市民，具体的には「持続可能な都市環境の創出に貢献できる市民の育成」（堂前, 2011：208）が掲げられる。その人材像には，①身近な自然に気づき，②地域とともに活動し，③自主性をもって社会活動できる能力が示され，一過性になりがちな個人活動を継続するための制度的な窓口として「地域・流域共生センター」が置かれたという[17]。

この担い手を少しでも広く育成するため，どの学部学科に属していても履修可能な横断型の「地域・流域プログラム」が設けられ，修了者には大学独自の

図 15-1　鶴見川流域と環境保全活動[18]

16）以下，「和光大学・足もとからの環境共生プロジェクト」については同論文による。煩雑を避けるため，引用部以外のページ数は省略する。

17）「地域・流域共生センター」は，大きくは「地域連携研究センター」に包含される。

18）http://www.ryuiki-wako.jp/（最終確認日：2019 年 7 月 25 日）

「流域主義による地域貢献と環境教育」プログラムの構成図

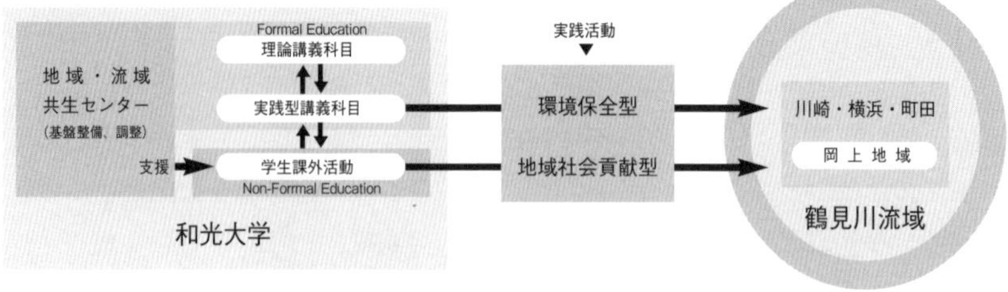

図 15-2　「流域主義による地域貢献と環境教育」プログラム構成図[19]

「流域環境士」の資格も付与されている。同プログラムには，大学が位置する岡上地域や鶴見川流域に特化した科目内容が組まれており，一般的な地域社会論や自然保護論などには留まらない点に特色がある。たとえば，岡上地域の住人を講師として招き，昔の農業や行事，遊び道具の作り方などのレクチャーを受ける「地域流域社会論」や，岡上・鶴見川地域／流域の行政またはNPO活動の当事者たちを講師とし，見学授業も行う「地域流域政策論」などが組み込まれている。これらの学習をとおして地域社会との連携や協働といった関係が生まれており，それは地域社会への貢献だけではなく，一方では学部教育へと還元される双方向の機能性を有した試みとなっている。

以上のプログラムの短期的な役割には，都市部における生物多様性や自然のあり方に対する調査，啓蒙活動における貢献があげられ，長期的な役割には，身近な自然環境を認識できる市民を養成する意義が見出されている。換言すれば，生物や自然環境を学ぶ「環境教育」に加えて，そのような自然環境との共生を具体的に考え，担っていくことのできる市民を養成する「環境シチズンシップ教育」へと展開していく試みとして把握されている。そのことはまた，「新しい公共[20]」という理念とも通底するものであり，「地域」との関係性を考えていくうえでのディテールを重ねるぶんだけ，今なお持続する研究・教育モ

19）http://www.ryuiki-wako.jp/（最終確認日：2019 年 7 月 25 日）
20）2010（平成 22）年 6 月，当時の民主党政権下で捉えられた「「新しい公共」宣言」を参照。https://www5.cao.go.jp/npc/pdf/declaration-nihongo.pdf（最終確認日：2019 年 7 月 25 日）

デルとしての意義を有しているといえるだろう[21]。

5　おわりに：教育文化の堆積からみえるもの

本章では和光学園を取りあげ，彼らによる教育へのアプローチを眺めてきた。新教育という，それまでの画一的・注入的な教育に対して子どもを 1 人の人間として尊重する新しい教育思潮を出自としていた彼らは，戦後においてもコア・カリキュラムという，子どもの生活を基調としつつ，民主主義社会の担い手となるべき社会人を育てる教育活動を展開した先駆けとして試行錯誤を重ねていた。その試みは，現代では環境シチズンシップ教育へと受け継がれていることも概観した。

以上にみてきた彼らの教育活動のうち，「地域」に対する関係は次のようであった。当初は子ども（学生）とその親（家庭）という狭い範囲を直接の対象としていたものが，戦後にはそこに「民主」というコンセプトが重ねられることで，より外部に開かれたものへとシフトしていく[22]。それとともに，学生の成長にともない学園そのものも枠組みをひろげていく。つまり，成長する学生を受け容れていくための幼稚園，中学，高校，そして大学へと拡大される営みは「学園」としての性格を形作っていくわけだが，この「学園化」にともなう印象的なエピソードを，最後に一つだけ追記しておきたい。

21）先の「質の高い大学教育推進プログラム（教育 GP）」に選定されたもののうち，和光大学が選定された「教育方法の工夫改善を主とする取組」は全 68 件だが，このうち 2019 年現在にも活動の継続が認められる事例は 39 件となる。これは発展的な解消をみせる事例も含めたカウントだが，和光大学の教育 GP は当初のプログラム目的と活動実践が今なお継続する事例となる。そもそも「地域・流域共生フォーラム」に結実する以前から学生による主体的な地域連携活動が行われており（2002 年には地域の「どんど焼き」を協力して復活させていた），同プログラムはそれを制度化し，持続的なものとしてバックアップしている点にも考慮する必要があるだろう。

22）戦後のコア・カリキュラムほか，教育の民主化を目指す動きのなかには，地域そのものの民主化（あるいは近代化）を徹底しようとする動きもあったが（木村（2013），小原（1998）など参照），和光は都市部近郊の中間層または富裕層子弟の通う学校であったため，地方農村部などで行われた教育民主化運動と比べたとき，「地域」との関係性が異なる点に注意したい。

「学園化」という事態は，つまり校舎の拡大をも同時に意味するわけだが，この過程では，たとえば1977（昭和52）年前後の中学校移転――世田谷校から町田市真光寺町への移転――に際し，「地域」との新たな関係の構築が課題としてあらわれた。その具体的な契機は移転先での生徒募集にあったのだが，地域住民が新しい校舎建造を必ずしも賛成していなかったことや，学校が当該地域に存在する積極的な意味を考えるなかで，「地域」が前景化してきたのだという。また，和光学園の生徒たち自身にも学校の外（地域）との関係を避ける傾向がみられたため，学園側は生徒たちと地域をつなげる活動として，「ちびっ子かなづち教室」という学生による水泳指導や，地域住民と一緒に行う盆踊り大会の開催，町田養護学校との交流，文化祭での地域学習の発表などを積極的に進めていった（和光学園五十年史編纂委員会, 1983：354–358）。

ここにみたエピソードはあくまでも一部にすぎず，同様の地域活動は中学校だけではなく幼稚園から大学まで共通する取り組みだが，およそこういった教育活動を経るなかで，和光学園にとっての「地域」はその範囲をひろげていく。言い換えれば，学生たちの成長段階にもとづいて定位される教育のあり方と並行するようにして，「地域」という空間はつねにあるわけだが，「地域」は学園を卒業した先の生活領域という具体的な「場」としても再認識されていくのである。そのことは，現在では生活領域としての「地域」が「流域」という空間認識のもとで対象化され，足もとの自然環境との良好な関係を保持し，持続可能な都市環境を維持していくための人材育成（＝環境シチズンシップ教育）を行う「場」としても積極的な意義づけが施されていた点に明らかであった。

このような教育活動の積み重ねには，近代以降の学校教育史の一面が克明に刻まれているともいえるのだが，ここには，和光学園の「教育文化」とでも呼ぶべき論理が見出せる。つまり，子ども（学生）の自主性を尊重するという大正新教育の流れを汲んだ「個人」の人格や品性の陶冶から，敗戦後の民主社会の担い手となるべき「社会人」の育成，そして現在では持続可能な都市環境を担うための「市民」づくりという目的まで，そこにはつねに「個」の教育に立脚しつつ，時代状況のなかで「個」の意味づけもスライドしてきた様子がうかがえる。それに付随するようにして，「地域」もその範囲を広げ，意味づけを変えてきたのだといえよう。

折々の時代状況のもとで「地域」社会との関係が変遷する姿，あるいは更新されていく営みの姿が，そこには堆積しているのである。

【文　献】

小原友行（1998）．『初期社会科授業論の展開』風間書房
金馬国晴・安井一郎［編・解題］（2018）．『戦後初期コア・カリキュラム研究資料集』全3巻，クロスカルチャー出版
木村　元［編］（2013）．『近代日本の人間形成と学校――その系譜をたどる』クレス出版
久保義三ほか［編］（2001）．『現代教育史事典』東京書籍
堂前雅史（2010）．「足もとからの環境共生プロジェクト（和光大学教育 GP シンポジウム　流域主義による地域貢献と環境教育）」『東西南北 和光大学総合文化研究所年報 2010』13–22.
堂前雅史（2011）．「流域主義による地域貢献と環境教育の新たな市民教育としての展開（和光大学教育 GP 国際シンポジウム環境教育と市民教育の新たな地平）」『東西南北 和光大学総合文化研究所年報 2011』, 205–217.
内閣府（2010）．「「新しい公共」宣言」〈https://www5.cao.go.jp/npc/pdf/declaration-nihongo.pdf（最終確認日：2020 年 2 月 19 日）〉
海後宗臣［監修］／日本近代教育史事典編集委員会［編］（1971）．『日本近代教育史事典』平凡社
橋本美保・田中智志［編］（2015）．『大正新教育の思想――生命の躍動』東信堂
細谷俊夫ほか［編］（1978）．『教育学大事典　第 2 巻』第一法規出版
丸木正臣［編］（1963）．『和光学園三十年史』和光学園
文部科学省（1947）．「昭和 22 年度学習指導要領社会科編（Ⅰ）（試案）」〈https://www.nier.go.jp/guideline/s22ejs1/index.htm（最終確認日：2020 年 2 月 19 日）〉
和光学園五十年史編纂委員会［編］（1983）．『和光学園五十年』和光学園
和光学園八〇年史編集委員会［編］（2013）．『和光学園八〇年史』和光学園

【参考ウェブサイト】

和光大学地域連携研究センター〈https://www.wako.ac.jp/organization/cooperation/index.html（最終確認日：2019 年 7 月 25 日）〉

執筆者紹介（執筆順，＊は編者）

井尻昭夫＊（いじり　あきお）
岡山商科大学学長

大﨑紘一＊（おおさき　ひろかず）
岡山商科大学副学長，経営学部教授
担当：1章

三好　宏＊（みよし　ひろし）
岡山商科大学経営学部教授
担当：1章，2章

國光　類（くにみつ　るい）
岡山商科大学経済学部講師
担当：3章

佐々木昭洋（ささき　あきひろ）
岡山商科大学経済学部講師
担当：3章

田中勝次（たなか　かつじ）
岡山商科大学経済学部教授
担当：3章，8章

三谷直紀（みたに　なおき）
岡山商科大学経済学部教授
担当：3章

松浦芙佐子（まつうら　ふさこ）
岡山商科大学経営学部教授
担当：4章

黎　暁妮（れい　ぎょうにい）
岡山商科大学経営学部准教授
担当：4章

徐　沆廷（そ　ゆんぞん）
岡山商科大学経営学部講師
担当：4章

全　円子（ぜん　かずこ）
岡山商科大学経営学部准教授
担当：4章

湯　文（たん　うぇん）
岡山商科大学経営学部助教
担当：4章

横澤幸宏（よこざわ　ゆきひろ）
岡山商科大学経営学部准教授
担当：5章

海宝賢一郎（かいほう　けんいちろう）
岡山商科大学経営学部准教授
担当：6章

高林宏一（たかばやし　こういち）
岡山商科大学経営学部教授
担当：6章

田中　潔（たなか　きよし）
岡山商科大学経営学部教授
担当：6章

西　敏明（にし　としあき）
岡山商科大学経営学部長，経営学部教授
担当：7章

加藤真也（かとう　しんや）
山口大学経済学部准教授
担当：8章

谷島貫太（たにしま　かんた）
二松学舎大学文学部専任講師
担当：9章

伊豆原潤星（いずはら　じゅんせい）
二松学舎大学大学院文学研究科
担当：10章

松本健太郎＊（まつもと　けんたろう）
二松学舎大学文学部教授
担当：11章

飯田れな（いいだ　れな）
二松学舎大学文学部
担当：11章

西田京子（にしだ　きょうこ）
二松学舎大学文学部
担当：11章

山本　尭（やまもと　ゆたか）
二松学舎大学文学部
担当：11章

江藤茂博＊（えとう　しげひろ）
二松学舎大学学長・文学部教授
担当：12章

平崎真右（ひらさき　しんすけ）
二松学舎大学 SRF 研究助手・日本漢学研究センター助手
担当：13章，15章

髙嶋有里子（たかしま　ゆりこ）
二松学舎大学非常勤講師
担当：13章

木暮絵理（こぐれ　えり）
東京学芸大学大学史資料室
担当：14章

シリーズ・21世紀の地域⑦

大学と地域

持続可能な暮らしに向けた大学の新たな姿

2020年3月31日　　初版第1刷発行

編　者　井尻昭夫
　　　　江藤茂博
　　　　大﨑紘一
　　　　三好 宏
　　　　松本健太郎
発行者　中西 良
発行所　株式会社ナカニシヤ出版
〒606-8161　京都市左京区一乗寺木ノ本町15番地
Telephone　075-723-0111
Facsimile　075-723-0095
Website　http://www.nakanishiya.co.jp/
Email　iihon-ippai@nakanishiya.co.jp
郵便振替　01030-0-13128

印刷・製本＝ファインワークス／装幀＝白沢 正

ISBN978-4-7795-1478-4